U0122060

汇率下跌之后

「強い円」はどこへ行ったのか

[日] 唐镰大辅 —— 著　宋刚 刘泽儒 —— 译

日元贬值的
宏观经济启示

机械工业出版社
CHINA MACHINE PRESS

TSUYOI YEN WA DOKO E ITTANOKA written by Daisuke Karakama. Copyright ©
2022 by Daisuke Karakama. All rights reserved.
Originally published in Japan by Nikkei Business Publications,Inc.
Simplified Chinese translation rights arranged with Nikkei Business Publications, Inc.
through BARDON CHINESE CREATIVE AGENCY LIMITED.
This edition is authorized for sale in the Chinese mainland (excluding Hong Kong
SAR, Macao SAR and Taiwan).
No part of this book may be reproduced or transmitted in any form or by any means,
electronic or mechanical, including photocopying, recording or any information storage and
retrieval system, without permission, in writing, from the publisher.
All rights reserved.

本书中文简体字版由 Nikkei Business Publications, Inc. 通过 BARDON CHINESE
CREATIVE AGENCY LIMITED 授权机械工业出版社在中国大陆地区（不包括香港、
澳门特别行政区及台湾地区）独家出版发行。未经出版者书面许可，不得以任何方
式抄袭、复制或节录本书中的任何部分。

北京市版权局著作权合同登记　图字：01-2023-2688 号。

图书在版编目（CIP）数据

汇率下跌之后：日元贬值的宏观经济启示 /（日）唐镰大辅著；宋刚，刘泽
儒译 .—北京：机械工业出版社，2023.11
ISBN 978-7-111-74125-1

I. ①汇…　 II. ①唐…②宋…③刘…　 III. ①日元－货币贬值－研究　 IV.
① F823.132

中国国家版本馆 CIP 数据核字（2023）第 201589 号

机械工业出版社（北京市百万庄大街 22 号　邮政编码 100037）
策划编辑：顾　煦　　　　　　　　　责任编辑：顾　煦　刘新艳
责任校对：郑　雪　张昕妍　韩雪清　责任印制：张　博
北京联兴盛业印刷股份有限公司印刷
2024 年 1 月第 1 版第 1 次印刷
147mm×210mm·7 印张·1 插页·99 千字
标准书号：ISBN 978-7-111-74125-1
定价：59.00 元

电话服务　　　　　　　　　　网络服务
客服电话：010-88361066　　机 工 官 网：www.cmpbook.com
　　　　　010-88379833　　机 工 官 博：weibo.com/cmp1952
　　　　　010-68326294　　金 书 网：www.golden-book.com
封底无防伪标均为盗版　　　　机工教育服务网：www.cmpedu.com

序 言

写一篇"不会过时"的中长期评论

2022 年 3 月以来，俄乌冲突牵动着整个世界的神经，而在日本，日元汇率的持续走低则是媒体报道的热点。笔者的工作就是分析以外汇市场为中心的经济、金融形势，因此这段时间有不少人向我咨询相关问题。2022 年的日元走势可谓一部"贬值狂想曲"，而在前一年，即 2021 年，笔者发表了许多评论，核心观点是日本过于注重疫情防控，正在逐渐被市场疏远。这些文章尤其强调，"2021 年秋季以来日元的贬值是我们不希望的，而日元的贬值很可能更进一步，笔者对此表示担忧"。可能是因为之前的这些文章，自从 2022 年春季日元开始持续走低以来，笔者就收到了几家媒体的邀请，询问笔者该如何解释这次日元的贬值，并想让我就这个问题写一本书。

但是，笔者基本都婉拒了这些邀请。外汇市场的动向是不断变化的，而书中的内容是固定不变的，因此笔者一旦把自己的分析写进书里，这些观点很快就会过时。所以笔者认为，写书有些不妥，书这种媒介，完全不适合承载有关当下市场动向的分析。作为捕捉市场动向的媒体，一周一刊的周刊都不一定适合；而日本主要的几家经济方面的刊物，都设有专家在线论坛。因此，更新频率更低的书籍更不合适。

不过，仅分析现今的市场动向蕴含哪些结构性变化的可能性，作为备忘录保存下来，这样的书是有一定价值的。笔者之所以执笔写下这本书，也是出于此目的。因此本书将尽量避免拘泥于"一美元能换多少日元"这样浮于表面的价值变化，而是致力于分析中长期的问题，简单来说就是写一篇"不会过时"的评论。财经方面的新书，给大家的印象就是日元贬值了就写日元贬值，升值了就改为强调升值，但笔者在本书中将尽量进行深入的分析，避免本书成为那种墙头草一样的书。

日元汇率将会走高还是走低，或者日元贬值是好是坏，街谈巷议中往往聚焦于这种单纯的是非问题，而本书则不会拘泥于此。本书创作的目的在于，将日元（乃至日本经济）的结构变化，用尽量简洁易懂的语言书写出来，让各位读者能有直观的感受。因此，比起只想就"行情究竟走高走低"这一问题得到明确答案的读者来说，这本书或许更能满足那些思考长远的读者，回答"日元、日本经济正在（或将要）发生什么样的变化"这样的问题。

许多朋友可能认为，笔者出于自身工作的原因，经常被机构投资者问及相关内容，所以才聚焦于中长期的趋势。而事实上，笔者认为，中长期行情的趋势，不仅对机构投资者至关重要，还和个人的资产管理息息相关。正如正文中将要论述的，无论是好是坏，2012 年以后，日元和日本经济所处的环境，已经和之前的时代相比有了深刻的变化。考虑到这一众所周知的事实，以及日本极为关注汇兑的国家特点，笔者认为，中长期形势的重要性自然是不言而喻的。

从"日元 50 年来幅度最大的贬值"考虑未来

2021 年末到 2022 年持续的日元贬值，被认为对日本的政治和经济不利（这一点将在正文部分详细说明）。事实上，根据经济增长率、利率和供需等基础的经济条件（即经济基本面），售出日元、买入外汇曾被认为是有一定合理性的。坦白来说，笔者也是惊讶于这次的日元抛售是如此契合国内外的经济基本面，在日本的历史上也是极为罕见的。

自 2022 年 3 月起，日本才开始正视这次日元贬值的危险性。同年 4 月开始，"日元对美元汇率跌至 20 年来新低"这一新闻逐渐受到人们关注。在日本，"日元汇率"默认是指日元对美元的汇率，而这次日元的汇率不只对美元下跌，是对各种外汇的全面走低。大众媒体容易将这次的日元贬值归结于"美元升值的反作用"，但实际情况更为复杂。

衡量一种货币在外汇市场的相对实力，仅考虑特定的货币是不够的，因此我们引入了有效汇率这一概念，作为综合性的指标。有效汇率又分为实际有效汇率和名义有效汇率，区别是前者考虑到了内外市场的价格水平差异，而后者没有。在考虑一国对其主要贸易对象国的综合实力时，我们往往采用实际有效汇率（Real Effective Exchange Rate，REER）进行衡量。日本的实际有效汇率在 2021 年末已经下跌至 1973 年的水平，同年日本刚从固定汇率制转为浮动汇率制。这就是"日元 50 年来幅度最大的贬值"

成为头条、为各位读者所周知的背景。如前所述，书这样的媒介不适合用于分析眼前外汇市场的动向。而对日元 50 年来幅度最大的贬值，正确的分析态度自然是考察长久性结构变化的前兆，而不是只局限于一时的走势。

毋庸置疑，就外汇市场的价格变化来看，谁都会意识到"出现了什么大的变化"。笔者开始写这本书是在 2022 年 7 月末，这时 2022 年内美元／日元的波动范围（最高价与最低价之差）为 25.9 日元（最高价 139.38 日元减去最低价 113.48 日元）。这个波动范围是 1998 年（该年为 35.81 日元）以来的最高值，同年为 1997 年亚洲金融危机的次年，该年俄罗斯的金融风暴又引发了 LTCM 事件。⊖而自广场协议签订的 1985 年至 2022 年的 38 年中，美元／日元波动范围超过 25.9 日元的年份也只有 6 个（分别是 1985 年、1986 年、1987 年、1989 年、1990 年、1998 年）。而除 1998 年以外的 5 个年份都处于 1985～1990 年，那段时间广场协议刚签订不久，国际政策的协调正受到广场协议的强烈影响。而除 1998 年和 2022 年同样是日元走低

⊖ LTCM，即美国长期资本管理公司，在 1998 年受俄罗斯金融风暴影响几近破产。——译者注

以外，其他 5 个年份日元都是升值的。而 1998 年日元的贬值，一般认为和 20 世纪 80 年代相关限制宽松化，日本对外证券投资（在外汇交易上就是卖出日元、买入外汇）迎来高峰有关。

众所周知，20 世纪 80 年代末的日本，正处于泡沫经济的巅峰。当时包括证券投资在内，日本对海外的各种投机活动都处于高潮。笔者无意对名义汇率的波动范围进行过度解读，但对于 2022 年日元行情如此历史性的状况，笔者认为只能与那时相比了。在这种情况下，仅仅在意汇率的变化恐怕也是不妥当的。

十年如隔世

"日元是避险货币"，这种概念对于不熟悉金融市场的人来说是挺难理解的。日本政府的债务情况可谓世界最差，⊖日本社会的少子老龄化进程是世界最快的，而日本经

⊖ 日本政府 2022 年的债务总额约为 1457.6 万亿日元，折合美元约为 11.23 万亿（2023 年 1 月 28 日汇率），位居世界第二，仅次于美国。而日本政府的负债率则是世界最高，达到了 GDP（国内生产总值）的 262.49%。相关数据来自国际货币基金组织（IMF）的有关推算。——译者注

济的潜在增长率也是 G7 国家⊖中最低的。为什么这样一个国家的货币却是安全保险的？不了解经济和金融的非专业人士，自然会有这种疑问。

举例来说，2011 年 3 月 11 日福岛第一核电站发生事故，受此影响，日元对美元升值到了 1 美元兑换 80 日元的水平。福岛核电站的事故可以称为日本"百年一遇的国难"，当时甚至有流言说首都东京也会因这次核事故而毁灭，此时日元竟然被投资者买入。在笔者印象中，大众对于日元避险货币的定位最为不解的也就是彼时了。随后的 2016 年，导弹落向日本海，投资者却仍然买入日元。在这两次国际危机中，日本都是当事国，可投资者仍然买入日元以避险。

不过这些都是差不多十年前的事情了。如今投资者是在"贱卖日本"，日元价格一路走低。从 2011 年、2012 年到如今，日本经济，特别是日元汇率到底发生了什么结构性的变化，以至于投资者的态度产生了如此大的转变？思考这个问题显然是很有价值的。

⊖ G7 即七国集团，是由美国、英国、法国、德国、日本、意大利和加拿大七个主要工业国家组成的，它们就共同关心的重大问题举行年度首脑会晤。——译者注

本书是受出版方的急切邀请，并且是写给大众的，因此不适合进行长篇大论，把日本的经济从过去到未来的各个方面都讨论一遍。笔者将把重点放在"从2011年、2012年到如今，日本经济，特别是日元汇率发生了什么结构性的变化"这一问题上，通过数据分析可能发生的结构性变化，力求客观。虽说本书谈及的是可能性而不是必然性，但笔者认为，本书介绍的内容是有价值的。对日本这个原材料的净输入国而言，"货币的价值"是关乎国民生死存亡的极为重要的问题。而长期以来将日元的贬值当作正确的日本，想要理解这一点恐怕并不容易。

一般来说，发达国家厌恶本国货币升值，而发展中国家则不希望本国货币贬值。日本长期以来都为日元升值而困扰，如今却苦于日元的贬值，在某种意义上，这是否可以说明日本正由发达国家"降级"为发展中国家？本书没有花篇幅去谈论如此宏大的问题，但近十年日元汇率的结构开始发生改变，这一点是毋庸置疑的事实。而笔者创作此书的目的，就是想运用基础的经济统计学，来探究这个变化的实质。如果各位读者能通过阅读本书，开始思考日元的现状和未来，笔者将感到无比荣幸。

序言

第 1 章　"成熟债权国"的黄昏 / 1

2021 年以来日元独自贬值的背景 / 2

经济增长率的差异来源于金融政策的差异 / 7

对日本稳定供需环境的信任 / 10

从"国际收支发展阶段论"分析结构性变化 / 11

对"成熟债权国"的忧虑 / 16

原材料价格的高涨是"债权耗竭国"的前兆 / 18

对外净资产的结构变化 / 19

基础收支的结构变化 / 23

"世界最大对外净资产国"并不值得日本骄傲 / 26

30 年以上的"世界最大"还能保持多久 / 28

第2章　思考日元贬值的利与弊：简单而又危险的好 / 坏二元论 / 32

对日元贬值的社会共识发生了变化 / 33

"对日本经济整体来说有益"的含义 / 35

日本央行所认为的日元贬值利弊 / 38

有分析指出对日元贬值的评价因市场主体情绪而异 / 43

日元的贬值助长了日本经济的两极分化 / 45

商界也存在日元贬值不好的意见 / 48

日本政府有责任促使日元贬值的好处惠及日本全

　社会 / 52

在存在结构性变化疑虑的当下，"水平"能回到什么

　程度 / 54

日本和日本民众都只会"亡羊补牢" / 57

专栏①　股票市场上的"疏远日本" / 60

第3章　"日本廉价化"的现状和前景：日本的"观光立国"是必然的吗 / 70

"日本廉价化"的真实情况：媒体报道"买一部 iPhone

　手机需要花费月薪的六成" / 71

处在"半个世纪以来的最低点"的日元 / 72

"日本廉价化"在悄无声息地到来 / 75

"半个世纪以来的最低点"下的工资差距 / 77

"廉价化"的日本如何生存下去 / 80

以"廉价"为卖点，日本服务出口额增长 / 81

"观光立国"的愿景 / 84

入境限制让外国人担忧 / 87

旅游收支上日元与人民币的关系 / 91

专栏② "日本廉价化"之下，GDP平减指数反映了"富
裕程度" / 94

第4章 真正应该担忧的是"家庭部门的日元抛售"：
日本人还能"沉稳"下去吗 / 103

贸易逆差和直接投资促进"企业部门的日元抛售" / 104

真正需要担忧的是"家庭部门的日元抛售" / 105

放弃经济增长必将招致"家庭部门的日元抛售" / 107

外汇资产份额已有上升的迹象 / 110

海外证券投资中卖出的日元 / 114

日元抛售突然加速的可能性 / 117

"资产所得倍增计划"的危险性 / 122

在日本推进"由储蓄转为投资"的危险性 / 125

将现金和存款称作"休眠中的资产"的危险性 / 128

日本人不存钱了,谁来买日本国债 / 131

专栏③ "通货再膨胀政策的终结?":论黑田东彦的
发言 / 135

专栏④ 由"安倍经济学"所想到的:在安倍遇刺
之后 / 150

第5章 日本央行的财务稳健性与日元贬值
有关吗 / 157

日元贬值与"日本央行的财务稳健性"的关系 / 158

瑞士与德国的案例 / 161

有案例表明资不抵债的严重性 / 163

在未来可能成为问题 / 165

对于财政因素引起的通货膨胀,日本央行无能
为力 / 167

"中央银行的财务稳健性"只是单纯的结果 / 168

专栏⑤ 日本和德国的不同:日元所不具备的欧元的
优势 / 171

专栏⑥ 世界外汇储备中的美元和日元 / 179

第6章 后疫情时代的世界外汇市场："升值竞赛"中的机会 / 192

世界正处于一场"货币升值的竞赛" / 193

金融危机后常态化的"贬值竞赛" / 195

白川体制的教训 / 198

后记 / 201

| 第1章 |

"成熟债权国"的黄昏

2021 年以来日元独自贬值的背景

"从 2011 年、2012 年到如今，日本经济，特别是日元汇率发生了什么结构性的变化？"要想较好地理解并回答这个问题，我们必须就日本对外经济部门的变化进行说明，其重点是国际收支平衡表。而考察上述变化，我们无可否认地得到了这样一个事实：日本，这个世界第一大债权国，它所处的经济环境已经发生了深刻的变化。限于本书篇幅，笔者将在第 1 章首先论述这个最为重要的论点。

话虽如此，笔者之所以受邀写这本书，直接的原因就是 2021 ～ 2022 年日元的独自贬值（见图 1-1）。本书主要讨论中长期的问题，提起眼前外汇市场的行情不是笔者的本意，但在这里，笔者想就这段时间日元被投资者如此抛售的原因，简单谈一下自己的看法。客观来说，鉴于 2021 ～ 2022 年日本的经济、政治情况，投资日元计价资产的材料很少。外汇市场包含许多独立变量，列出几个具体的材料并非难事，但本书想以 3 点为基本论点进行论述：①增长率；②利率及金融政策；③供需。本章重点讨论的是日本对外经济部门的变化，与论点③即供需有关。因此，从论点③开始的论述尤为重要。

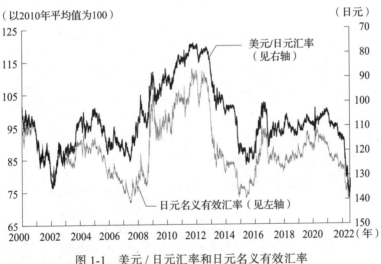

图 1-1　美元／日元汇率和日元名义有效汇率

资料来源：Macrobond。

不过我们先从论点①说起。一般来说，现实中经济增长和货币升值的关系并不是简单的正相关，经济增长快

货币不一定会升值，反之也不一定贬值。否则，G7 中经济
常常表现不佳的日本，其货币日元也不可能在 21 世纪初的
10 年中升值。可是，分析"日元 50 年来幅度最大的贬值"
的 2021 ～ 2022 年，G7 各国经济增长率和汇率的关系就是
单纯的正相关（见图 1-2）。从图 1-2 中也可以看出，欧美
国家看准新冠病毒感染高峰后的 2021 年春季，解除了相
关的出行限制，所以经济迅速恢复，实际增长率达到了潜
在增长率的 2 ～ 3 倍；而日本却纠结于每日感染人数的水
平，各种活动受到防控要求的限制，经济也明显不如欧美。

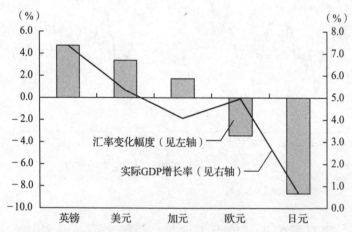

图 1-2　2021 年 G7 各国汇率变化幅度和实际 GDP 增长率

资料来源：Macrobond, IMF。

不少人简单地说"欧美国家 2020 年经济大幅下行,而 2021 年又大幅回升",但这种说法并不完全正确。图 1-3 比较了 2020 年、2021 年日本和其他几个主要国家的实际 GDP 增长率和 2022 年实际 GDP 增长率的预测值,这些数据均来源于国际货币基金组织(IMF)2022 年 7 月发表的《世界经济展望》。其中,三年增长率之和最高的是美国,为 4.6%;而最低的是日本,为 −1.2%(负增长)。图 1-3 所列出的国家中,三年增长率总和为负的只有日本和德国(后者为 −0.6%)。可见,日本经济的增长远落后于其他国家。而德国的负增长则与俄乌冲突有关:俄乌局势恶化以来,德国可以看作"半个当事国",自 2022 年春季起经济状况急剧恶化。德国在 2021 年的 GDP 增长率为 2.8%,超过了当年的潜在增长率,因此我们可以认为,德国三年总和的负增长完全是受俄乌冲突影响。倒不如说,在 2022 年 7 月这个时间点,日本的经济情况竟然比德国这个俄乌冲突的"半个当事国"还要差。

本书创作时,日本的经济尚未摆脱新冠疫情的阴影,这种情况在发达国家中是很罕见的。德国刚要摆脱新冠疫

情的阴影，就遇上了俄乌冲突；而日本则是在新冠疫情的
阴影中度过了两年以上。另外，图 1-3 中紧随日本之后，
经济增长率第二低、第三低的国家分别是德国和意大利。
值得注意的是，这三个国家都因回避核能发电而将天然气
作为主要能源，因此很容易受到能源价格波动的影响。

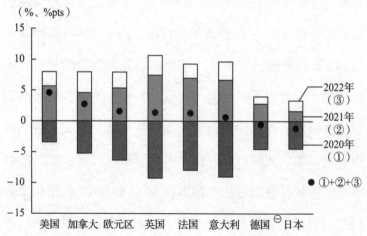

图 1-3　IMF 世界经济展望（2020 ~ 2022 年的 GDP 增长率总和）

资料来源：IMF, 其中 2022 年的数据来自《IMF 世界经济展望》（2022 年
7 月预测值）。

⊖　结合上下文和该国 GDP 增长率的实际值，原图中"意大利"和"德国"
位置标反，故在此进行修改。——译者注

经济增长率的差异来源于金融政策的差异

上述有关增长率的论点①与有关利率及金融政策的论点②是密切相关的。在遭受新冠疫情冲击的 2020 年后，欧美市场的需求快速复苏，旺盛的需求抬高了物价，美国、英国和欧元区各国都发挥了固有的经济实力，实现了潜在增长率两倍以上的实际增长率。因此欧美各国从 2021 年末就开始将金融政策正常化提上议程，而在 2022 年，金融政策的正常化已由讨论转为实行。2022 年以后，欧美各国提高了对通货膨胀的警惕，但这首先是由于原材料价格的上涨，其次也在侧面上反映了经济向好的背景下供不应求，原材料、人力资源等生产要素价格才会上涨。当然，各国央行为抑制通胀而提高利率的态势也很明显，货币利率在提高，投资者信心也在高涨。

在欧美经济复苏、需求旺盛的同时，日本却一直过度重视新增感染人数的水平，设置了许多缺乏根据且有效性未知的出行限制，可以说是为降低经济增长率而"煞费苦心"了。虽说在本书创作时，日本出行限制（包括佩戴口罩等）的严格程度和其他发达国家是相近的，但日本媒体总是一看到感染人数上升，就对此大书特书，渲染出"第几次感染高峰"就要来临的紧张气氛。虽然在日本并不强制要求佩戴口罩，但也没有明确说"放开"，所以社会上仍然是"还是要戴口罩，不然总感觉心里不踏实"的氛围。笔者不是疫情防控方面的专家，对这样的防控政策效果如何不做评价。但显而易见的是，日本的国民性是希望有严格的防控措施的，所以各方都认为日本政府很难及时调整有关政策，而这样的印象直到本书创作时都没有发生改变。

在这种状况下，日本的投资和消费意愿低于欧美国家，是必然的结果。2022年下半年之后，欧美的经济也因通货膨胀而开始停滞，对于"滞胀"的担忧也开始高涨。不过，在此之前，2021年欧美的经济是大幅增长的，这与日本截然不同。

以经济复苏为优先的欧美国家在需求旺盛的同时也面对新冠疫情带来的供给限制，通货膨胀开始被视为一大问题，这些国家的金融政策也从应对危机时的宽松迅速转为抑制物价的紧缩。与此同时，在日本，长期的出行限制仍在继续，金融政策不能与欧美看齐。日本与欧美国家金融政策差异的扩大，助长了日元被抛售的势头。至少在本书创作时，主要发达国家和地区的政策利率可以明显分为"日本"和"日本以外"两类（见图 1-4）。重申一遍，笔者在疫情防控方面完全是个"门外汉"，笔者对防控政策也不做评论。笔者只是想指出一个毋庸置疑的事实：仅就 2021 ～ 2022 年这段时间来说，不同国家对新冠疫情的不

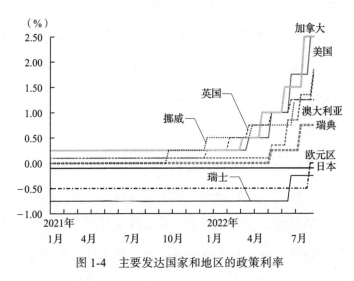

图 1-4　主要发达国家和地区的政策利率

资料来源：Macrobond。

同态度，与其经济增长率及金融政策以至于货币实力的差异密切相关。

对日本稳定供需环境的信任

上述①增长率和②利率及金融政策两点，确实是影响外汇市场的重要因素，但此次日元贬值，最深层的原因在于论点③供需。供需是笔者在本章最要强调的一点，它与"从2011年、2012年到如今，日元汇率发生了什么结构性的变化"这个问题，有着最为深刻的联系。换言之，笔者认为，如果2022年3月开始的日元贬值预示着"日本廉价化"的开始，那么从供需这一角度来考察现状、展开论述，是最为正确的分析方法。

在外汇市场上，日元能够有"避险货币"的地位，最大的原因在于日本能够长年稳定地保持较高水平的国际收支经常项目顺差，因而保有"世界最大对外净资产国"的地位。也就是说，日本是世界上拥有最多外币结算净资产的国家，一旦国际形势有变，日本就可以卖出所持有的对外净资产，为应对危机提供缓冲的时间。虽然实际上，不少对外净资产是难以卖出的，但较之于外汇市场上的其他货币，日元至少具有相对更强的"防御力"。前面说过，日本政府的债务情况可谓世界最差，日本社会的少子老龄化进程是世界最快的，二者又导致日本经济增长率的低下……可尽管如此，日本的国债依然保持稳定，投资者依然信任日本供需环境的稳定。

后文也会提到，以 2011 年、2012 年为节点，日本在贸易上从顺差转为逆差。但初次收入的顺差足以弥补贸易上的逆差，日本仍然能够维持较高水平的经常项目顺差，支撑日本稳定的供需环境。然而，时间到了 2021 年、2022 年，投资者对此的信任开始动摇。下面，笔者将顺着理论框架，简单易懂地说明这段时间发生了什么变化。

从"国际收支发展阶段论"分析结构性变化

"国际收支发展阶段论"是经济学上的一个理论，认为一国国际收支的结构随着该国经济的发展而

改变。该理论于 20 世纪 50 年代，由杰弗里·克劳瑟
（Geoffrey Crowther）、查尔斯·P. 金德尔伯格（Charles P.
Kindleberger）等经济学家提出。简单来说，"国际收支发
展阶段论"从国际收支的角度，将一国由债务国到债权国
的发展过程分为 6 个阶段（见表 1-1）。

表 1-1　国际收支发展阶段论

	①不成熟债务国	②成熟债务国	③债务偿还国	④不成熟债权国	⑤成熟债权国（2012 年左右至今的日本）	⑥债权耗竭国（日本将来可能的情况）
经常项目	逆差	逆差	顺差	高额顺差	顺差	逆差
贸易（货物和服务）	逆差	顺差	高额顺差	顺差	逆差	逆差
初次收入	逆差	逆差	逆差	顺差	高额顺差	顺差
对外净资产	亏欠	亏欠	亏欠	盈余	高额盈余	盈余
金融账户	顺差	顺差	逆差	高额逆差	逆差	顺差

资料来源：笔者自制。

日本在 20 世纪 70 年代之后，不仅在贸易上保持顺
差，在初次收入（对外投资的利息、红利）上也持续为顺
差，因此经常项目上呈现为高额顺差。持续稳定的顺差正
是日本"世界最大对外净资产国"地位的来源。此时的日
本，贸易和初次收入的收支都为顺差，处于"不成熟债权

国"的阶段（见表1-1的④）。

日本从"不成熟债权国"阶段开始步入"成熟债权国"阶段的时间，正是2011年、2012年。请看图1-5。比较"2002～2011年累计值"和"2012～2021年累计值"两项，经常项目顺差从约172万亿日元降低到约144万亿日元，虽有减少，但依然保持高额顺差。出现这种变化的原因在于，日本对外贸易虽然从顺差转为逆差，但初次收入顺差却大幅增长。[⊖]考察具体的数据，贸易收支从约96万亿日元的顺差转为约8万亿日元的逆差，而初次收入的顺差则从约125万亿日元大幅增长到了约195万亿日元。贸易的逆差一定程度上被初次收入的顺差所弥补，所以呈现在经常项目上，总的降幅并不高。

国际收支发展阶段论认为，"成熟债权国"的特征在于依靠初次收入而非贸易收入，以保持经常项目收支的顺差（见图1-6）。根据国际收支发展阶段论，2012年到

⊖ 国际收支平衡表的经常项目由贸易（货物和服务）、初次收入（雇员报酬和投资收益等）、二次收入（单方面转移）三个子账户构成。其中贸易和初次收入是经常项目的主要部分。

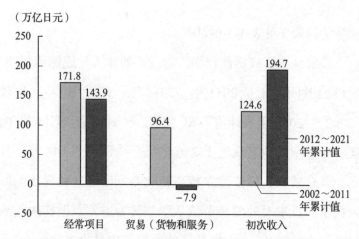

图 1-5　经常项目收支构成的变化（比较 10 年累计值）

资料来源：日本财务省。

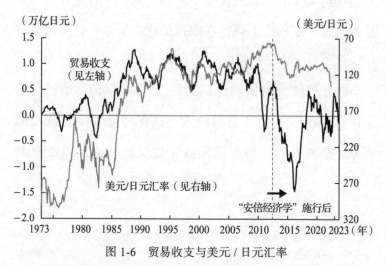

图 1-6　贸易收支与美元 / 日元汇率

资料来源：Bloomberg。

注：贸易收支额的数据采用 6 个月移动平均值，曲线整体向右平移 2 年。

2021 年的十年间，日本先后经历了雷曼事件、欧债危机和"安倍经济学"政策，从"不成熟债权国"转变为"成熟债权国"，步入了一个新的阶段。图 1-6 反映了这个转变过程。直到此时，一切都还在理论的框架内。

顺带一提，2012 年后，日元对美元不再继续升值，这与日本贸易收支由顺差转为逆差有关。虽然在 2012 年这个时间点上，使贸易收支转为逆差的因素不止一个，但其中有一点是业界经常提及的：在此前日元多次大幅升值、日本自然灾害（包括地震、台风、海啸等）频发的背景下，众多日本企业为分散风险，将生产基地从日本转移到海外。此外还有一点值得注意：2011 年日本"3·11 大地震"引发了福岛第一核电站的核泄漏，此后日本开始用火力发电取代核能发电，对煤炭等化石燃料的依赖度提高，进口化石燃料的费用急剧增长（这一点在 2022 年之后备受关注）。尽管导致这种转变的因素有很多，但日本从依靠贸易顺差转为依靠初次收入，在结果上是符合理论预测的。

对"成熟债权国"的忧虑

理论上，"成熟债权国"的下一阶段是"债权耗竭国"（见表 1-1 的⑥），在后者的情况下不仅贸易为逆差，初次收入也开始缩减，经常项目由顺差转为逆差。当然，这个转变过程需要很长的一段时间，不是将来几年内就会发生。而且，这个转变也不是一定就会发生。

可是，2021 ～ 2022 年，原材料价格急剧上涨，贸易逆差迅速扩大。2022 年上半年（1 ～ 6 月），日本的贸易逆差达到了创历史纪录的 7.9 万亿日元。其间，2021 年 12 月和 2022 年 1 月，这两个月经常项目连续出现逆差，这一点也值得注意。此时，低增长率、低利率等短期性日元贬值因素本就存在，供需结构的变化这一长期性贬值因素也开始受到关注。2022 年 3 月 8 日，日本发布了 2022 年 1 月的国际收支平衡表，其中记录了连续第 2 个月，也是日本有记录以来第 2 次经常项目逆差——从那一周开始，日元就加速贬值。虽然我们不能断定国际收支平衡表上的经常项目逆差就是日元贬值的原因，但这个事实值得各位读者注意。

　　如要回答"日本在经过供需结构的大幅变化之后，距离'债权耗竭国'还有多远？"这个问题，我们还需要距现在相当长的一段时间后，回顾之前的历史才能得到答案，因此笔者在此不能下定论。在创作本书时，笔者的基本观点是：在讨论和制定政策时，为保险起见，需要考虑成为"债权耗竭国"的可能性。"结构性变化"一词常用于描述 2022 年 3 月之后日元的贬值，意为国际收支经常项目情况的恶化（典型表现就是逆差）；但越来越多的人意识到，从定义上，这个词意味着日本衰落为"债权耗竭国"的风险。在 2022 年之后的日本，"国际收支经常项目情况的恶化"这个词就是"贸易逆差扩大"的同义词，是石油、天然气等化石燃料价格高涨的结果。因此也有人认为，日本从 2022 年开始的"国际收支经常项目情况的恶化"，能否作为结构性的变化固定下来，并使日本从"成熟债权国"转为"债权耗竭国"，这在一定程度上取决于未来能源价格的预期。

原材料价格的高涨是"债权耗竭国"的前兆

那么，原材料价格将会居高不下吗？笔者不是原材料方面的专家，不能做太详细的分析，但考虑到低碳、新冠疫情、俄乌冲突等国际性因素，原材料价格的上涨很可能是结构性的。比如，国际上倡导低碳，这导致化石燃料供给将减少成为有关行业的共识。俄乌冲突又使欧美国家开始与俄罗斯渐行渐远，如果俄乌冲突长期化，这又会使原材料（广义上也包括粮食）供给难以恢复正常。当然，低碳的风潮将来可能结束，俄乌冲突也不是没有短期内化解的可能性；但现在，即使是非专业人士，也都认为市场上能源价格将会持续走高。

日本作为原材料的净输入国，如果原材料价格居高不下，在结构上必然导致贸易和经常项目的持续逆差——这在一定程度上（至少在统计数据上）预示着日本已经开始接近"债权耗竭国"了。等到"债权耗竭国"成为各界的共识后，日本的货币——日元，还能继续用作"避险货币"吗？虽然笔者并不认为日本的经常项目会立刻进入长期的逆差中，但在 2022 年 3 月之后（暂且不论事实与否），各市场参与者已经开始考虑这种可能性了。

而且，即使日本还能继续保持经常项目的顺差，那也还是处在"成熟债权国"的阶段，依靠初次收入维持经常项目的顺差。初次收入主要来源于外国有价证券的利息、红利，以及伴随着这些对外直接投资的再投资利润，虽然这些项目在统计表上记为"顺差"，但其中多数在再投资时，资金直接以外币的形式流动，并不会在外汇市场上使日元被买入、外汇被卖出。

在外汇市场上，我们的重点应放在与外汇交易（如日元的买入、卖出）有关的贸易收支上，从这一点来看，逆差持续下去的可能性很大。考虑到这一事实，2012 年之后日本靠初次收入维持的日元汇率，已经成为"纸老虎"。实际上，2012 年之后日元的大幅升值，也没有给国际行情带来大的冲击。

对外净资产的结构变化

只要日本能够保持经常项目顺差，对外净资产能够保持增长，日本就能保住"世界最大对外净资产国"的地位，日元也能保住"避险货币"的地位。可是，日本对外净资产虽仍保持盈余，但在 2011 年、2012 年之后，其构成已开始出现较大的变化。具体来说，从 2000 年到 2004 年、2005 年，日本对外净资产的半数以上是证券投资余额，也就是以美国国债、美国股票为代表的有价证券。但正如图 1-7 所示，以 2011 年、2012 年为节点，日本对海外直接投资的占比开始增加。而到了 2021 年末，日本对外净资产中，直接投资额所占比例已经达到了接近一半

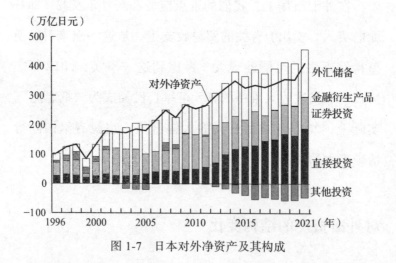

图 1-7　日本对外净资产及其构成

资料来源：日本财务省。

（45.8%）——这是日本企业积极收购海外企业（即"跨国并购"）的结果。

如图 1-8 所示，2011 年、2012 年之后的十年间，在日本对外净资产中，直接投资所占的比例超过了证券投资的比例，而前者还在不断扩大。虽说在雷曼事件之后，低利率甚至零利率成为常态，这时比起直接投资，投资者确实倾向于证券投资，但直接投资所占比例急剧上涨，其原因不只是这一点。不少分析指出，这段时间内日本接连面临各种国家风险，包括日元大幅升值、多种自然灾害（如地震、台风、海啸）、僵化的雇用条例等，其中许多是日本所特有的；而投资者考虑到这些国家风险，自然会提高直接投资的比例。考虑到 2011 年、2012 年这个时间点，日元的大幅升值以及日本的"3·11 大地震"，更是诱使直接投资增长的重要因素。

不过，即使日本经济的结构发生了上述变化，只要对日本经济投资的利润率依然保持高水平，投资者也不会急着"搬到"日本之外。我们终究还是要回到人口这个因素上来：随着日本的少子老龄化进程加深，日本本国市场的规模不断缩小，日本企业自然要把目光转向日本之外。

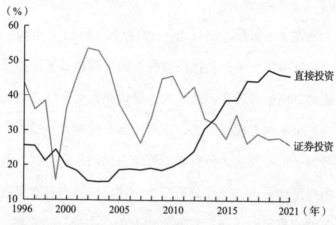

图 1-8   日本对外净资产中直接投资和证券投资所占比例

资料来源：日本财务省。

日本对外净资产结构的变化，对日元行情，特别是作
为"避险货币"的日元买入，有着很大的影响。这是因为，
当市场上避险情绪较高时，投资者可以把海外的有价证券
卖出而买入日元，但已收购的海外企业，却不能简单地把
它们抛弃。因此，日本对海外直接投资占比的提高，就意
味着更多的外汇无法换回日元。现在日本的外汇风险之所
以这么高，很大程度上是因为随着跨国并购的不断开展，

在日本的对外净资产中，不再像以前那样，以每个月因贸易顺差而产生的流量为主，而是由于跨境并购增加，以存量的形式计入日本企业的资产负债表中的那一部分在不断增大。存量比流量"反应迟缓"，对外汇市场也更难以施加影响力。综上所述，笔者认为投资者将不再出于"避险"的目的继续买入日元了。

在前面几节中我们已经说过，日本经常项目顺差的主要来源由贸易顺差转为初次收入，会导致投资者更不愿意买入日元。而这一节又指出，日本对外净资产结构的变化，也存在使投资者买入更少日元的可能性。而以上两点，都是以 2011 年、2012 年为节点，日本在国际收支平衡表上确实发生的明显变化。

基础收支的结构变化

在本章中，笔者指出，以 2012 年为节点，此后日本的经常项目和金融账户都出现了大的结构性变化：在经常项目上，日本更多依靠初次收入的顺差以维持总的顺差；在金融账户上，对海外的直接投资所占比例不断上升。现在，让我们把目光放到基础收支上。基础收支作为一种传统的统计项目，可以影响一国对外净资产和负债额的变化：如果一国的基础收支持续为顺差，那么该国的对外净资产也可能随之增加；反之，如果基础收支持续为逆差，那么该国的对外债务也可能增多（对外净资产和负债额也会随着资产价格的变化而变化，因此这里笔者故意使用"可能"一词而不做定论）。在过去的时代中，国际资本的流动没有如今这么活跃，长期资本和短期资本很容易做区分，彼时基础收支对一国货币的信用能够带来很大的影响，因而受到更广泛的关注。

不过，如今国际资本的活跃流动已成为常态，外汇市场上投资者一般认为，只要该国的货币是在贬值，一国即使基础收支情况较为合理，其对外支付也可能出现困难。因此，基础收支的受重视程度在不断降低。不过，笔者认为，我们在讨论一国的对外偿付能力之前，如果其基础收支的情况较之于从前有了大的变化，那么这种改变也是其结构性变化的前兆，不可忽视。

　　基础收支是经常项目收支和净直接投资额（为该国的对外直接投资额减去该国引进的外国直接投资总额）之和。从 1996 年起，日本的基础收支开始常年处于顺差；但以 2011 年、2012 年为节点，此后日本的基础收支开始间断地出现逆差（见图 1-9）。举例来说，我们取 2002 年 1 月到 2011 年 12 月之间共 120 个月（10 年）中，每个月日本基础收支的平均值，这个数值为 9530 亿日元。与之相对，我们再计算 2012 年 1 月到 2021 年 12 月之间的 120 个月，这些月份日本基础收支的平均值，结果是 -174 亿日元（这个数据表示收支接近平衡）。先前笔者已经提到，2012 年左右日元的升值，没有像以前的升值一样引起恐慌。考虑到这一点，日本的基础收支不可否认地已经发生了质变。图 1-9 显示，日本基础收支的变化趋势很大程度上反映了对外净直接投资额的净流出，也意味着日本企业在积极收购海外企业。

　　笔者认为，日本供需关系所发生的变化，正是从 2011 年、2012 年开始的。而在那 10 年之后，2022 年 3 月的日元的"贬值狂想曲"，正是在日元的供需环境已经发生了结构性变化后，原材料价格的高涨又使其凸显，再加上日本经济在增长率和利率上的滞后，投资者认为抛售日元更为安全。虽然这次日元的贬值是突然的，但促使贬值发生的供求环境是连续变化的，而这种变化早在十多年前就开始了。

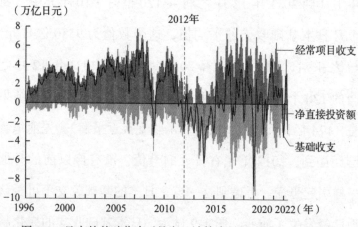

图 1-9　日本的基础收支（月度，计算当月及后两个月累计值）

资料来源：日本财务省。

注：基础收支＝经常项目收支＋净直接投资额。

"世界最大对外净资产国"并不值得日本骄傲

顺带一提，"世界最大对外净资产国"这一地位，长期以来被认为是日元实力的基础，但这一地位并不值得日本骄傲。前面已经论述过，对外净资产的存量，基本上是每年度经常项目顺差这一流量累积的结果。日本对外证券投资和直接投资的旺盛，也反映了日本国内缺乏投资机会。而日本对外投资中，直接投资所占比例的不断提高，日本企业出于这样的考虑：比起不断缩小的本国市场，并购或投资海外企业，更能抓住时机、扩大市场，有利于企业的中长期发展。而简单地从资金的流动来看，也可以说是日本企业的资本外逃。

对于 20 世纪 90 年代之后日本的经济，日本人常常称为"失去的 20 年"，甚至是"失去的 30 年"。[⊖]而日本"世界最大对外净资产国"这一地位，也是日本企业在认为国内的市场已经饱和的基础上，加大对海外企业的并购和投资的结果。因此，日本"世界最大对外净资产国"的地位，也可以看作"失去的时代"的副产物。

⊖ 这是一种形容 20 世纪 90 年代之后日本经济增长的放缓和停滞的说法。——译者注

30 年以上的"世界最大"还能保持多久

虽说"世界最大对外净资产国"的地位是日本经济低迷的象征，但前者也无疑是日元"避险货币"地位的来源。而正是因为日本的这一地位保持了 30 余年之久，一旦日本失去了这一地位，金融市场的反应将会如何，是一个意味深长的问题。

关于这个问题，笔者想通过与其他国家，尤其是德国做对比来说明。欧元在欧元区是单一货币，德国正是利用欧元"永远是廉价货币"的特点，持续取得贸易顺差，其"世界最大经常项目顺差国"的地位坚如磐石。德国经常项目的顺差几乎都是贸易顺差，在理论上，德国之后的发展是"货币升值→出口减少→贸易顺差减少→经常项目顺差减少"。

但是，欧元不仅是德国的货币，还是意大利、西班牙、希腊等欧元区国家的货币，所以在结构上，并不会只随着德国经济增长而升值。因此，德国的经常项目顺差不容易减少。而日本的情况是，日元的间断性走高让日本出口企业不断将生产基地从日本转向海外，日本的贸易收支也因此转为逆差，这和德国形成鲜明的对比。

图 1-10 反映了世界前三大对外净资产国对外净资产余额的变化。图中的数据是由日本财务省公布的，以日元计价，因此与真实情况可能有一点差异。但无可否认，在每年对外净资产余额的变化上，"日本停滞，德国猛追"的趋势十分明显。

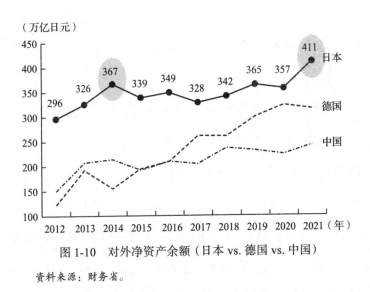

图 1-10 对外净资产余额（日本 vs. 德国 vs. 中国）

资料来源：财务省。

2020 年末，日本和德国的差距缩小到有记录以来最小的 34 万亿日元。但 2021 年由于日元贬值，年末时差距又扩大到了 100 万亿日元。日本财务省发表的《2021 年末时点本国对外资产负债概要》显示，该年美元对日元升值了 11.4%。图中德、日两国对外净资产余额差距最大的一年是 2014 年，差额同比扩大了 78.7 万亿日元（在图中以阴影表示），而该年美元／日元汇率也同比提高了 13.7%，这个幅度比 2021 年时还要高。比较两国对外净资产余额及其差距的变化，我们可以发现，如果外汇行情没有变动（这里的变动指日元贬值），德国和日本的差距就会缩小。

当然，即使日本成了"世界第二大对外净资产国"，也足以支撑日元"避险货币"的地位，认定日本已经从"成熟债权国"转为"债权耗竭国"也为时过早。但考虑到国际上提倡低碳以及俄乌冲突等因素，如果原材料价格在结构上维持在高位，日本的经常项目顺差将难以避免地减少。德国也存在原材料缺乏的问题，但德国出口的能力远超日本（见后文的专栏⑤）。无可否认，如果外汇行情没有发生变化，在不远的将来，德国将超过日本成为"世界最大对外净资产国"。日本和德国同为拥有巨额债权的债权国,而日本的"最大"和德国的"第二大"不是本质上的差距。但等到德国真正超过日本,日本失去了已维持30 多年的"世界最大对外净资产国"这一地位时,一向"直言不讳"的外汇市场还会保持平静吗?笔者认为,外汇市场对那时"日薄西山"的日元,可能不会有这么好的评价了。

综合本章所论述的各种数值的变化,特别是国际收支平衡表的变化,我们似乎可以推断,日本即将见证其"成熟债权国"的落幕。这个推断正确与否,将由历史来证明,仅看近几个月或近几年的行情就下结论是远远不够的。不过,人们开始讨论这种可能性,已经是前所未有的情况了。因此,这个问题值得我们分析。

| 第 2 章 |

思考日元贬值的利与弊：

简单而又危险的好 / 坏二元论

对日元贬值的社会共识发生了变化

在上一章我们论述过，2022 年 3 月之后，市场上开始考虑日本从"成熟债权国"转为"债权耗竭国"的可能性，日元也因此被抛售。日本是否真正会从"成熟债权国"转为"债权耗竭国"，这个问题只能由时间来解答。而在这一章，让我们来讨论另一个受人关注的焦点——"坏的日元贬值"。2022 年 3 月之后，这个词似乎每天都能听到，一旦出现就会伴随着激烈的议论。对日本的政治、经济、社会来说，日元的贬值一向被认为是"好的"，它被奉为金科玉律。而如今人们却在说日元贬值是"坏的"，不得不说，这是一个相当大的变化。

实际上，在 2013 年"安倍经济学"政策实施时，就已经有相关人士表示了批判。"安倍经济学"是以极其宽松的货币政策为核心，通过极端的通货再膨胀，促使日元贬值。当时，就有相关人士对此表示了强烈批判："日元贬值只会招致日本的收入向海外流出，不过是'头痛医头、脚痛医脚'。"（关于"安倍经济学"，详见第 4 章后的专栏④）可是，在"安倍经济学"政策实施前，日元剧烈升值，股票市场持续走低，日本经济深受其害。因此，在"安倍经济学"政策实施后，对其批判的声音被大众狂热的欢呼淹没了。

2022 年 3 月之后，由于新冠疫情对日本实体经济的影响，以及俄乌冲突对原材料价格的影响，日元贬值给日本经济带来了巨大的压力。而这些因素在 2013 年"安倍经济学"政策开始实施时是不存在的。因此，当时人们并不容易意识到日元贬值的危险性。

具体来说，在"安倍经济学"政策实施期间，日元汇率最低、美元汇率最高是在 2015 年 6 月，彼时美元 / 日元汇率达到了 1 美元兑 125 日元的水平，而那时的原油价格仅为一桶 60 美元左右。7 年后的 2022 年 6 月，美元 / 日元汇率为 1 美元兑 135 日元左右，原油价格则上涨到了一桶 100 美元以上。除原油之外，煤、天然气等燃料的价格均发生了上涨。此外，乌克兰这一重要的粮食产区，受到了俄乌冲突的影响，国际上小麦等粮食的价格也因此上涨。日本是许多原材料的净输入国，在国际市场上多种原材料价格上涨的背景下，日本人开始普遍认为，日元贬值会提高原材料的进口成本，是不利于日本的。就连日常生活用品的价格，也受到了波及。

在此情况下，日本社会开始高度关注"日元贬值是好是坏"这一问题。在 2013 年时，日本人会不假思索地说"日元贬值肯定是好的"。与那时相比，笔者认为，日本的社会共识现已发生了极其重大的变化。

"对日本经济整体来说有益" 的含义

尽管 2022 年 3 月以来"坏的日元贬值"一词在日本社会上流行起来，但现任日本央行行长黑田东彦⊖却仍坚

⊖ 日本央行行长任期为 5 年，少有连任。黑田东彦自 2013 年起担任日本央行行长，连任一届属于特例。黑田东彦的第二任期于 2023 年 4 月 9 日结束，植田和男接任日本央行行长。——译者注

持其基本观点："日元的贬值对日本的经济、社会，整体来说是有益的，这一点并没有改变。"此番发言之后，日元的贬值似乎得到了"权威认证"，开始进一步加速。与2013年日元贬值时日本央行受到公众赞扬不同，如今日本央行因为日元贬值而受到了批评。这十年内，为抑制日元升值而形成的"黑田体制"步入"暮年"，日本的货币政策似乎不得不顺应民意了。黑田东彦因此番发言而被推向了舆论场上的风口浪尖，这突出反映了日本社会在2013年和2022年对通货再膨胀政策看法的差异（这一点详见第4章后的专栏③）。

顺带一提，黑田东彦在2022年3月25日众议院财务金融委员会会议上发言时，就当时日元的走低回答道："市场并没有失去对日元的信任。"开始考虑市场上"日元的信任"问题，就已经是前所未有的情况了。"日元的信任"成为问题，这说明现在日元的贬值不再是"美元升值的反作用"，不是说"美国经济回暖，美国利率提高，因此美元走高，日元随之走低"了；而是意味着"日本快不行了，所以日元走低"，意味着"投资者可能开始贱卖日本"了。

图 2-1 显示了 2021 年 1 月之后，G7 各国货币名义有效汇
率的走势。无论解读方式如何，日元的独自走低在图中显
露无遗，投资者"贱卖日本""撤出日本"的倾向已无可
否认。在金融市场上，各界开始普遍关注，"货币的守门
人"⊖是否还能坚持说"日元贬值是好的"。而此时，黑田
东彦却仍坚持日元贬值"对日本经济整体来说有益"，同
样的论点他在多次发言中反复提及。

图 2-1　G7 各国货币的名义有效汇率走势

资料来源：Macrobond，统计到 2022 年 7 月末。

⊖　在日语中，指中央银行。——译者注

那么，我们该如何考虑日元贬值对日本经济的"利与弊"呢？笔者将在后文中进行论述。

日本央行所认为的日元贬值利弊

不同的经济主体，对日元贬值利弊的看法也不尽相同，并不能轻易下一个定论。总的来说，黑田东彦那番饱受批判的发言也不是全无道理。在 2022 年 1 月的《经济与物价形势展望》（后文简称《展望报告》）的信息栏中，"汇率波动对日本实体经济的影响"这一部分介绍了日元贬值利弊的模型分析结果。本书面向的是对经济、金融形势不太了解的非专业读者，所以笔者会避免在论述中涉及该分析过于细节的部分，不过其所暗含的结论是意味深长的。笔者将该分析中与后文论述有关的内容整理在了表 2-1 中。

《展望报告》通过计量分析，得出了"日元贬值对日本有益"的结论。表 2-1 中列出了日元贬值对日本的几点利弊。有利之处包括：①价格竞争力的提高有利于日本商品、服务出口；②日元基准出口额的增长有利于日本企业利润的增加；③有利于日元基准的初次收入的收支情况改善。不利之处包括：④进口成本上升导致日本国内企业利润减少，日本消费者购买力下降。日本央行的基本观点，可以描述为"①＋②＋③＞④"。

表 2-1　日元贬值对日本的利弊概要

		内容	说明	影响大小	受影响的经济主体
利	①	商品、服务出口额扩大	日本企业海外生产所占比例提高，受新冠疫情等因素影响市场预期低下	小到中等	大型跨国企业、出口企业
	②	日元基准出口额的增长有利于企业利润的增加	企业利润虽然增加，但这并没有使工资水平提高	中等	
	③	日元基准的初次收入增加	这一点已在过去的 10 年中得到了证明。这是否为日元贬值唯一的好处？	大	
弊	④	进口成本上升导致日本国内企业利润减少，日本消费者购买力下降	进口渗透率年年增长，原材料价格的上涨也引人注目	大	高度依赖内需的中小企业及家庭部门

资料来源：笔者根据日本央行《展望报告（2022 年 1 月版）》等材料整理。

不过，其中的①是存在争议的。日本央行的报告中也分析道，"（日元贬值的正面影响）在近年不断下降"，反映在商品出口方面，则表现为日本企业海外生产所占比例上升，以及商品的高附加值化。日本央行认为日元贬值可以增加许多种类商品的出口量，但又认为出口市场对日元贬值的敏感度将会降低。此外，在服务出口方面，虽然日本央行也认为日元的贬值理论上有利于日本旅游收入的提高，但对此提及甚少（日本央行报告中提及这一点，可能是想说"虽然受新冠疫情影响，来日旅游的外国游客减少，但在疫情的影响消退后，日元贬值对日本旅游收入的作用将再度显现出来"）。可以说，日元贬值的好处①对日本的有利程度现在已经很有限了。

早在黑田体制建立时，许多业内人士就开始指出好处①中存在的问题，笔者当时也是其中之一。当时指出相关问题后，我受到了非常激烈的批评，所以笔者对此记忆犹新。当时还有不少人认为，即使好处①的影响弱化，好处②也仍然存在，因此日元的贬值总体来说还是有利于日本的。这一种观点，简而言之就是：如果日元贬值，企业的利润将会增加，固定资产投资和员工薪资也将随之提高（2006 年，日本一度取消零利率政策时，这种观点被称为

"水库论[○]"）。然而，众所周知，事实上日本的工资水平并没有像预期一样上涨。

上述好处①、②都不成立或者程度有限，那么现在只剩下了好处③。报告中指出，日本"初次收入的增幅近年不断提高"，由此得出的结论是："伴随着日本企业全球化程度的不断提高，日本企业从海外业务中获得的利润、分红等也不断增加。因此，由海外回流日本的资金也在稳步增长。"报告中认为，海外回流日本的资金有利于日本国内的固定资产投资。这一观点是有说服力的：如第 1 章的图 1-4 及表 1-1 所示，以 2011 年、2012 年为节点，此后的 10 年日本虽然在贸易收支上由顺差转为逆差，但贸易上的逆差由初次收入的增长所弥补。笔者在第 1 章中已经论述过，这种变化表明日本已由"不成熟债权国"转为"成熟债权国"。

前文已经提到，2012 年之后，外汇市场上就陆续有

○ 此处将大型企业比作水库：水库的容量有限，当水漫过水库时，多余的水将流入下游；而大型企业就如同水库，只要大型企业的利润不断增长，这些利润中的一部分就会以固定资产投资、员工薪资等形式流向"下游"，使日本经济受益。——译者注

人指出，买入日元的"避险"作用已经开始减弱了。只不过，由于日本初次收入不断增加，经常项目整体保持了顺差，因此投资者对日元的信任并没有严重动摇，外汇市场上日元保持了稳定。正如第 1 章所论述的，以 2011 年、2012 年为节点，此后日元供需的结构性变化一直在稳步推进。在这个意义上，笔者还是认为，2022 年起日元的"贬值狂想曲"，是由于原材料价格上涨和日本经济相对疲软而使得本就存在的结构性变化凸显所致。

回到《展望报告》的问题上来。《展望报告》中对日元贬值有利于日本经济之处（①、②和③）进行了详细的分析。但与之相对，其中有关日元贬值不利之处（④）的分析，只占了很短的篇幅。对于日元贬值的不利之处，报告中仅指出日元贬值在物价上转嫁给消费者的压力"近年来有所加强"。紧接着《展望报告》就匆匆下结论说："综上所述，即使考虑到近年来日本经济的结构性变化，从整体上看，预计日元会持续走低；但日元的走低对日本经济的影响，总的来说还是积极的。"这似乎有些唐突的结尾，难免给人以论述失衡的印象。

有分析指出对日元贬值的评价因市场主体情绪而异

粗略地总结一下笔者对《展望报告》中相关内容的理解。众所周知，由于入境旅游的暂停，日元贬值根本不能提高日本的服务出口额，对商品出口的促进也很有限。而指望日本企业利润的提高能够促进个人的消费，也是不太可能的。日元贬值的好处只有一条：初次收入的增长。《展望报告》还没有考虑到初次收入的增长是否会被消费者价格指数（CPI）的上涨抵消，只是给出了"①＋②＋③＞④"这样一个简单的不等式，然后就认定"（日元贬值对日本经济）整体上是有利的"。（以上仅为笔者个人感受）

不过，《展望报告》在列出日元贬值对日本经济的几点利弊之后，也指出了需要注意的几个问题：（1）无论日元是走高还是走低，外汇市场"不稳定"都会带来负面影响；（2）汇率波动对不同行业、不同规模的企业，其影响不尽相同；鉴于日本进口渗透率（进口占国内总供给的比例）的上升，汇率对消费者价格指数的影响也在增加；（3）汇率波动对投资者情绪的影响因情况而异，如股价、物价等。这里的（2）和（3），显然是对不利因素④的补充。

其中，结合 2022 年 3 月之后日元的贬值来看，问题（3）尤其有意义。考察日本内阁府在《经济观察家调查》的评论（与家庭经济状况的动向有关），我们可以发现：（A）从 2012 年末到 2013 年（也就是"安倍经济学"政策实施初期），"日元贬值"与"股价（上涨）"相并列，都是有利于日本经济的因素；（B）2014 年秋到 2015 年，"日元贬值"和"物价（上涨）"列在一起，是不利于日本经济的因素。

尽管还具有"对日元贬值的评价取决于市场主体情绪"的定性印象，上述观点还是相当接近现实的。而 2022 年 3 月之后的情况，更接近于上述的（A）还是（B），想必是不言自明的。在日元急剧贬值（以及原材料价格高涨）之下，日本央行行长都要亲自在国会为"日元的可信任性"进行辩护，而其发言被当成靶子一般受到了猛烈的抨击（有关当时的情况，详见第 4 章后的专栏③）。

因此，即使不等式"①＋②＋③＞④"从结论上成立，考虑到补充说明的（2）和（3），不等式"①＋②＋③＞④＋（2）＋（3）"就不能断定成立了。其究竟成立与否，仅依靠 2022 年 1 月的《展望报告》是无法判断的。《展望报告》的分析是建立在汇率水平平稳变化，其他条件不变的基础上的。此次日元的大幅贬值，伴随着外汇市场的剧烈波动，则不一定能包含在《展望报告》分析的框架内。而外汇市场的变化，往往都伴随着大的波动。

日元的贬值助长了日本经济的两极分化

"①＋②＋③＞④"是日本央行优秀的经济学家们，通过模型分析和精细计算得到的结果，并且作为政策委员会的基本观点发表在《展望报告》上，因此，我们还是应该对其怀有一定的尊重，承认其具有一定价值。只不过与此同时，我们必须注意到，有一个问题不在这个不等式的框架内。那就是"受益的经济主体"和"受损的经济主体"之间，存在一道不可逾越的鸿沟。换句话说，日元的贬值助长了财富的不平衡。

通过衡量日元贬值所带来的利与弊可以发现，虽然在定量分析上可以说"（日元贬值）使得日本的 GDP 增长了"，但享受这一好处的只有大型企业，大型企业能够从出口和海外投资的回流中获得利益；而对主要依赖内需的中小企业和家庭部门来说，日元贬值的弊大于利。这与《展望报告》中的补充说明（2），"汇率波动对不同行业、不同规模的企业，其影响不尽相同"这一点密切相关。"对日本经济整体来说有益"仅仅是将利与弊做加减法的结果，完全没有提及"受益的经济主体"和"受损的经济主体"是截然不同的。如果从日元贬值中受益和受损的经济主体是完全不同的，那么日元的贬值就是一种助长日本财富不均衡和经济两极分化的因素。如果日元贬值使"日本的 GDP 增长了"，却助长了两极分化，我们在政治上就不能任其发展。

如前所述，自 2013 年以来，在"安倍经济学"的影响下，企业的利润随着日元的贬值而不断增长，但家庭部门的工资和消费却没有相应地增加。即使日元的贬值提高了企业部门的利润，前者同时也切断了这些利润回馈日本内需的渠道。如此一来，日元贬值之下日本家庭部门的困境就难以得到缓解。不仅是家庭部门，以内需为利润来源的日本中小企业也会因日元贬值而陷入困境之中（这一点将结合 GDP 平减指数、贸易条件等指标，在第 3 章后的专栏②中详细讨论）。直观来看，反映在"日本社会"这一大的框架内，"因日元贬值的不利因素而受损"的经济主体，在数量上似乎占多数。这大概就是自 2022 年 3 月以来，"坏的日元贬值"这种说法一直流行的原因。

无论如何，在讨论"日元贬值的利与弊"这一受人关注的问题时，我们必须考虑到这样一个事实：日本央行（以及与之意见相似的经济学家）在认定"（日元贬值）对日本经济整体来说有益"时，只不过是用有利因素减去不利因素，做简单的"加减法"的结果；而具体讨论"各经济主体的情况"时，结果则不尽相同。如果我们抛开"总体和个体是不同的"这一点，那么得出的两种结论都在现实中成立，讨论将达不成共识、得不出结果。所谓"合适的汇率水平"，是因立场而异的，简单的好 / 坏二元论无疑是非常危险的。

商界也存在日元贬值不好的意见

如果一定要对日元贬值的利与弊下结论，笔者只能说，"日元贬值，总的来说对日本经济是有益的，但如果考虑到不同的市场主体，那么受日元贬值不利影响的市场主体也很多，因此日元贬值会助长两极分化。"在日元持续贬值的当下，虽然在计算 GDP 时，日元的贬值因为对大型企业有利而在"整体上"有利于日本的经济，但对于日本的普通人来说，日元的贬值只带来了物价上涨等负面影响，他们看不出"积极作用"在何处。日本媒体经常出现"坏的日元贬值"的论调，其原因就在于此。统计或理论上的"正确性"，在躁动的公众面前是没有说服力的。

如前所述，日元贬值是好是坏取决于评价者的立场。例如，日本经济团体联合会会长十仓雅和就于2022年4月14日指出，日元的贬值对于依赖能源进口的企业来说是不利的，而对于出口企业来说是有利的，因此"短期内不能判断日元贬值是'好的'还是'坏的'"。十仓雅和的说法和日本央行及经济学家的口吻类似：在当时人们普遍认为日元贬值不好时，十仓雅和并没有直接批判日元的贬值，说明十仓雅和多少对"对日本经济整体来说有益"这一论调有些同感。日本经济团体联合会虽然不是日本央行或经济学家，但其主要由日本的跨国企业组成。因此，该会会长十仓雅和的这种观点，从其立场上来看并不显得奇怪。

虽说日本商界对于日元的贬值往往持有正面评价，但就 2022 年 3 月之后的此次日元贬值，也有不少商界重要人士发表了负面的评价。毕竟，只从"总体上"强调日元贬值的好处，这是完全不符合现实情况的。在 2022 年 3 月之后，各界普遍意识到，必须从不同市场主体的角度来考察，严肃考虑日元贬值带来的不利影响了。

日元无论走高还是走低，都是市场自发调节的结果，在理论上，"作为一个国家，日本必须接受，争论其对错毫无意义"。但同样，在公众的感受面前，"理论上"如何也没有什么意义。2009 年到 2012 年前后，在日元处于超高位时，就没有人严肃对待"日元升值也有好处，比如可以以低价采购原材料"之类的意见。相反，如果谁提出了这种观点，批评的声音就会接踵而至。一旦感到不利的经济主体数量增加，"理论上的结论"正确与否就没有任何意义了。在白川方明担任日本央行行长时，市场上对于日元升值的不满就在不断积聚；而不满积聚的产物就是"安倍经济学"，具体来说就是在黑田东彦主导下，日本央行所采取的量化质化宽松政策。但与此相反，从 2022 年 3 月开始，随着市场上对于日元贬值的不满不断积聚，商界也陆续有人对黑田东彦的政策表示批评。下面就是其中几例。

日本经济同友会代表干事樱田谦悟（任损保控股社长，发表于 2022 年 3 月 29 日）："我并不认为目前的汇率水平（指日元贬值）是合适的。虽然不同的公司对此看法不尽相同，但从总体来看，目前日元的贬值有些过头了。"

日本铁钢联盟会长桥本英二（任日本制铁社长，发表于 2022 年 3 月 29 日）："（不同于以往，以往日元的贬值能够提高企业的竞争力）这次的情况完全不一样""这是第一次带来风险的日元贬值""这是日本独自落败的象征""这是一个很严重的问题"。

日本商工会议所会长三村明夫（发表于 2022 年 3 月 7 日）："日元的贬值对日本的中小企业几乎没有好处，无论其是否属于'很少或没有对外出口或海外业务'的一类。日元贬值对日本中小企业的不利影响更大。对普通消费者来说也是一样（不利影响更大）。""如果日元贬值能够提高日本出口企业的员工薪资和固定资产投资，那再好不过。可是，现在出口企业连增产都做不到。因为原材料价格高涨，日本的出口企业只从日元的贬值中受害。"

迅销公司董事长兼社长柳井正（发表于 2022 年 4 月 14 日）："日元走低对日本绝对没有好处。从整个日本的角度来看，日元的贬值只有坏处。"

对日元贬值表达担忧的声音远不止这些。日本邮船社长长泽仁志虽然曾经表示，由于国际船运的运费多以美元计价，因此"日元贬值总的来说对日本的船运业还是有利的（发表于 2022 年 3 月 29 日）"；但其也对日元贬值带来的燃料及原材料费用的高涨可能导致日本经济状况恶化"表示担忧"。此类言论还有很多，受篇幅所限，笔者在此不再枚举。至少，在日本的商界，希望日元进一步贬值的声音并不多，相较而言对日元贬值的负面评价更多。在商界的一些重要人物也指出日元贬值的危险性后，"对日本经济整体来说有益"这一论调在日本社会上更难以立足了。由宏观经济分析得出的"总体"性结论，以及上述企业部门作为"个体"的发声，虽然二者都有道理，但日本社会的舆论显然更倾向于后者。

日本政府有责任促使日元贬值的好处惠及日本全社会

讨论至此，我们发现，日本经济正面临着如何由"（因日元贬值而）受益的经济主体"惠及"受损的经济主体"的问题。比如，即使企业的收益提高，员工薪资为何却没有提高？这个问题的答案可能与所谓"日本式就业"

的改革有关。"日本式就业"以终身雇佣和资历决定工资为标志，对"日本式就业"的改革也时不时成为议论的话题。这是一个相当大的问题，应该由日本政府，而不是日本的中央银行来设法解决。至少，只通过这本书是无法解决的。

换句话说，尽管日本央行在 2022 年 3 月之后受到了很多批评，但其似乎处于一种别无选择的境地：无论日元在外汇市场上走高还是走低，日本央行只能对日元的趋势表示肯定，然后等待政治和社会的变化。这样的结果就是，随着公众对于日元的持续贬值越来越不满意，这种不满将以日本现任政府支持率降低的形式表现出来。如果公众的不满情绪尖锐到无法接受的程度，政界将别无选择地严肃对待日元的汇率问题。但日本央行不希望这样。因此，我们有必要正视日元汇率的走势是市场调节的结果，从理论上来说，"作为一个国家，日本必须接受，争论其对错毫无意义"。

此时，我们就应该把重点放在"如何合理利用既定的汇率水平"上，在日元走高时就利用日元的高购买力，在日元走低时就利用高的价格竞争力，及时而恰当地调整经济政策才是正解。但纵观日本经济这几十年来的历史，当日元升值时，日本都是实施宽松的货币政策，意图使日元贬值。而经济分析常常认为，这种政策正是导致日本的购买力被剥夺，以至于现在"廉价化"的原因。有关"日本廉价化"进一步的讨论将放在第 3 章。

在存在结构性变化疑虑的当下，"水平"能回到什么程度

虽然 2022 年 3 月以来，日元大幅贬值、资源价格高涨，但直到本书创作时，没有迹象表明现任岸田文雄政府的支持率会因为民众生活困难而持续下降。在日本，通货紧缩（约等于货币价值的上升）多年来被认为是日本经济的一种"慢性病"，而"因为通货膨胀（约等于货币价值的下降）而遭受困难"则是从未有过的经历。因此，人们可能在无意识间抱有一种乐观的态度，认为这次冲击只是暂时的，"总归会过去的"。

当然，这种想法并不是毫无道理的。日元在外汇市场上是以浮动汇率进行交易的，日本也依然是一个巨大的对外净资产国，所以日元会从目前的低位往高位回复（也就是升值），也是一个自然的假设。当本书出版后，日元很可能已经开始升值了。

可是，即使日元在"方向"上是往高位运行了，但在"水平"上能回到什么程度，就是另一个问题了。从中长期的角度来看，日元对美元的汇率在不断波动之中，最终能否逐步升值，只有在事后才能确定。虽然外汇市场上不存在公允价值，但考察购买力平价（简称 PPP，常用作汇率长期趋势的参考），美元 / 日元汇率在 2012 年前后超过了美元对日元的购买力平价，此后前者就一直居于后者之上。而到了 2022 年，美元对日元的购买力平价已经达到了 20 世纪 80 年代前期，也就是广场协议签署前的高水平（见图 2-2）。本书到了各位读者手中时，美元 / 日元汇率的水平如何，在本书创作时还不得而知；但通过考察美元对日元的购买力平价，笔者认为美元 / 日元汇率不太可能位于本书创作时一样的高位。正如第 1 章的图 1-6 所示，在日本的贸易顺差转为逆差后，人们开始对日元可能出现的明显的水平调整怀有疑虑。

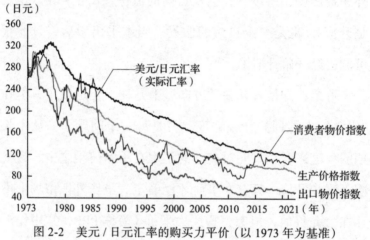

（日元）

美元/日元汇率
（实际汇率）

消费者物价指数

生产价格指数

出口物价指数

1973 1980 1985 1990 1995 2000 2005 2010 2015 2021（年）

图 2-2　美元/日元汇率的购买力平价（以 1973 年为基准）

资料来源：Datastream。

虽然动辄使用"结构性变化"一词显得有些夸张，但如果没有什么重大原因，外汇市场也不可能出现如此大的变动。在第 1 章中笔者就已论述过，2012 年以后，日本的贸易收支由顺差转为逆差，与日本对外直接投资额的显著增加并不是没有任何关系的。笔者认为，这可以说是日本对外经济部门所发生的一种结构性变化。

日本和日本民众都只会"亡羊补牢"

第 1 章中已经论述过，笔者认为 2021 年初开始的持续性日元贬值，与日本为应对本国新冠疫情所采取的措施长期化在一定程度上是有关的。在日本各界无休止地关注新冠疫情时，2021 年欧美的经济则在显著增长。这自然会导致日本和欧美国家货币政策，或者更简单来说就是利率政策在方向及水平上的差异。外汇市场上常常是在唱"对台戏"，投资者也自然会意识到日本和欧美国家的这种差异。而这也是 2022 年日元贬值狂潮发生的原因之一。

如果说日本不当的防控政策是原因，日元贬值是结果，那么日本物价随日元贬值而上涨，岸田政府的支持率随之下降也是不足为奇的。可是，如前所述，现实中岸田政府的支持率并没有显著下降。或许，在日本，除非因缺乏物资（包括食物）而生活困难的人不断增多，他们的不满占据主导地位时，政府才会在防控政策和经济政策（这里的经济政策包括货币政策、金融政策和能源政策）的方针调整上，真正从观察和考虑转为决定与实施吧。等到公众舆论真正被"日元贬值是有害的，必须遏止"的声音所支配时，那时的日本政府如果还没有讨论过货币政策的调整，没有正式考虑重启核电站，或是坚持用苛刻的入境限制将外国人拒之于国门外的话，那显然是不可容忍的错误。可是，上述政策现在并没有受到多少社会上的批评，其调整与实施进程也很缓慢。本书创作时，日本因关闭核电站而面临电力短缺的问题，以至于不得不要求限电。可即使如此，日本各界要求政府调整能源政策的意愿似乎也没那么强烈。

特别是，鉴于日本经常项目和贸易收支情况的恶化可能已经造成日元"结构性贬值"，笔者认为，要求日本政府重启核电站，以减少进口化石燃料的巨额开支（这一开支已占日本进口总额的约25%了）是理所当然的——可现实中，日本要求重启核电站的呼声并没有那么强烈。另外，更多地接受外国游客入境旅游，也是合理运用当下日元的贬值，刺激日本国内经济的有效举措。但是，现实中，在日本要求取消入境限制的呼声完全没有笔者想象中的强烈，日本严格的入境限制持续到了现在。2022年

5 月 5 日，日本首相岸田文雄在伦敦声称，日本将把入境限制放宽到与其他 G7 国家相同的水平。但至少到本书创作时，日本的入境限制仍然十分严格，和其他 G7 国家格格不入。

尽管日本政府和执政党在 2022 年 3 月日元开始激烈贬值前，就已经间断地表达了警戒性的态度，但并没有对与日元贬值的根本原因有深刻关系的防控政策或经济政策做出重大调整。从日本政治和社会的这种情况来看，可以说日本被"我们并没有真正陷入困境"或是"（日本社会）还可以再撑下去"的政治判断主导。虽然我们更希望在"真正陷入困境"或是"无法再撑下去"之前就采取行动，但政治中"在情况进一步恶化前就采取预防措施"绝非易事。日本和日本民众都只会"亡羊补牢"——只有当日元贬值和原材料价格上涨的进程已经不可逆转，对日本实体经济产生了显著影响时，日本的舆论和政治才会去严肃地对待这个问题，去考虑怎么"收拾残局"。笔者认为，2022 年 3 月以来日元的贬值和日本物价的上涨，是给不擅长灵活应变的日本政治（以及社会）敲响的警钟。

专栏①

股票市场上的"疏远日本"

对"新资本主义"[⊖]的误解？

笔者在前文提过，"疏远日本"可能已成为外汇市场的主题之一了。而"疏远日本"这个词，在一定程度上也适用于股票市场。在 2022 年 2 月 21 日的日本众议院预算委员会会议上，首相岸田文雄被一名反对党议员（前原诚司，属国民民主党）质问，该议员用"岸田冲击"一词来讽刺岸田政府的政策，意为岸田文雄所主张的征收金融所得税与限制股票回购，是股市不振的主要原因。岸田文雄对此回应道，"如果有人对我的经济政策表示担忧，那么我有义务澄清误解"。随后，岸田文雄把对其"新资本主义"政策的各种批评都称为"误解"，强调"'新资本主义'也是资本主义，股东和市场才是根本"。然而，在前一个月的

⊖ "新资本主义"是岸田文雄内阁提出的经济政策，旨在纠正日本新自由主义经济政策中的不当之处，后者自小泉纯一郎内阁以来延续至今。岸田文雄称，"重要的是'增长和分配的良性循环'"。面对日本社会不断扩大的贫富差距，岸田文雄承诺，将致力于打造"增长和分配的良性循环"，同时实现增长和分配，并计划通过减少企业税负等方针，尽一切努力提高工薪待遇。——译者注

（2022 年 1 月 25 日）那次众议院预算委员会会议上，岸田文雄还在与这位议员的辩论中说，"摆脱'股东资本主义'来思考问题很重要"，而这番言论让日本的股票市场相当失望。

事态发展到首相需要亲自强调股东和市场功能的重要性，这已经是非同寻常的情况了。先不论岸田文雄的"新资本主义"的"真正"含义是什么；毋庸置疑，日本的股票市场已经因为难以理解岸田文雄的政策而陷入困惑之中了。

如图 2-3 所示，2022 年 2 月后的行情显示，日本的股票市场对岸田政府的评价很低。首先，尽管美联储委员会的政策有紧缩倾向，俄乌冲突带来地缘政治上的风险，但在 2022 年初，除日本以外，没有一个 G7 国家的股市指数低于 2021 年初的水平。2022 年 2 月，在地缘政治上面临风险的欧元区国家，特别是德国，其股价开始剧烈波动。在整体上，欧美各国随着对滞胀的担忧不断加深，股价开始出现大幅调整。但在欧美各国的股市行情受国际形势影响而开始下行之前，日本的股价就已经开始下跌了。

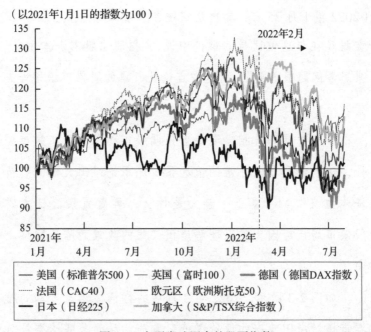

（以2021年1月1日的指数为100）

图 2-3　主要发达国家的股票指数

资料来源：Macrobond, 截至 2022 年 7 月末。

我们再来考察 2021 年以来外国投资者对日本股票的交易趋势。由图 2-4 可见，在 2021 年 4 月到 2022 年 5 月（本书创作时的最新数据）的 14 个月中，有 11 个月是超卖的。

当然，岸田政府在 2021 年 10 月才上台，因此日本股市行情的低迷不能完全归咎于其政策。2021 年 4 月下旬，时任首相为菅义伟，当时日本政府因为新冠病毒大范围传播，发布了日本的第三次"紧急事态宣言"。此后，菅义伟政府又延长了紧急事态宣言的实行时间。在紧急事态宣言解除后，为了防止病毒扩散，诸多活动限制并没有被取消。受此影响，日本的经济增长率远不如当时的其他发达国家（见第 1 章的图 1-2 和后文的图 4-1）。外国投资者显然不会倾向于在此情况下对日本进行投资。

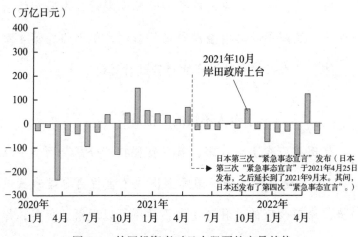

图 2-4　外国投资者对日本股票的交易趋势

资料来源：INDB。

而从岸田政府上台的 2021 年 10 月直到 2022 年 5 月，

这 8 个月中只有两个月（2021 年 10 月和 2022 年 4 月）是超卖的。虽然外国投资者的决策在很大程度上也取决于海外的经济环境，但也有一些评论指出，近期外国投资者在日本股票市场中的动向，与岸田政府的政策不可说无关：岸田政府的"本质"难以捉摸的"新资本主义"招致了市场的不信任，难以吸引外国投资者来投资。有观点认为，岸田文雄在 2022 年 5 月访问英国时，发表了一场呼吁"投资岸田"的演讲，其原因就是外国投资者对日本股市的消极评价。该演讲及其对金融市场的影响，笔者将在第 4 章中，结合日本家庭金融资产的趋势进行讨论。

令人不快的"措辞"

岸田政府自上台以来，就一直坚持"分配"而非"增长"。自雷曼事件以来，国际上出现了重视再分配政策的趋势，岸田政府的这种态度也不是不可以理解。但是，岸田文雄在执政初期，政治资源尚未积累充足时，就拟对金融收入征税，导致日本股价大幅下跌。此后，岸田文雄的一些表现，如限制股票回购、宣称"应该脱离股东资本主义"，这些都好像是在反对日本的资本主义。总之，无可否认，岸田政府"对市场不友好"的印象已经深入人心。

日经 CNBC 在 2022 年 1 月 27 日至 1 月 31 日对其观众进行了调查，其中"你是否支持岸田政府？"一项，有95.7% 的受访者回答"否"。从这个结果来看，金融市场可不仅是"不支持"岸田政府，而是接近于"厌恶"了。

抛开其政策在想法上的对错不谈，岸田政府的开局可以说与第二届安倍政府形成鲜明的对比：后者打出了要大幅推动通货再膨胀的旗号，赢得了市场的支持。而通常情况下，在日本，一届政府需要做大量的工作，才能改变其上台之初的形象。

岸田文雄可以说十分关心企业的利润分配问题了。企业的利润分配有多种选择，包括工资、股票回购、股息和留存等，但岸田文雄在其一系列的回答中，给人的印象好像是，工资以外的任何选择都是"不好"的。在本专栏开头提及的那次会议中，岸田文雄还说过："要深刻认识到企业发展的成果以及其他利润，正在以股东回报的形式外流。我们必须要严肃考虑这一现状，这很重要。"将股东回报（股息和股票回购）描述为利润的"外流"，这已经很倾向于对股票市场和股东进行全盘否定了。投资者在投资时承担了风险，他们的投资理应获得回报，而岸田文雄似乎将股东回报等同于"浪费"，这自然会导致投资者回避日本市场。

宣称日本要从股东资本主义（"股东资本主义"这个词本身也不是通行的术语）"转型"，又把股东回报称为"外流"，岸田文雄如此令人不快的"措辞"，严重损害了岸田政府在金融市场的声誉。

尤其是在国际市场上，许多投资者通过投资组合来谋求更高的利润。对于这些投资者来说，敌视资本市场的政治立场（即使这可能是误解）很可能被视为在日本投资的风险，并最终导致国际市场上"疏远日本"的结果。2022 年3 月以来日元的持续贬值，在一定程度上也与此相关。

企业部门的不平衡是事实

不过，自以雷曼事件为标志的金融危机以来，不追求股东价值的最大化，而是试图通过调节企业的利润分配来改善经济福利，这种趋势并不只在日本一国出现。美国拜登政府自 2021 年 1 月上台以来，就称有意大幅提高资本利得税率，以调整财富的社会分配。

在前文所述的会议中，岸田文雄在回答中还称，"如果我们要考虑资本主义的可持续性，企业发展的利润就不能仅惠及一方"。这句话本身并没有让投资者感到过于不快。在一定程度上，认为"日本企业应该把利润更多地分配给员工薪资"，这是可以理解的。如图 2-5 所示，我们考察过去 40 多年中，日本企业经常性利润、营业额与人力成本三项的变化，就可以发现，人力成本的控制在很大程度上与企业利润的提高有关。当然，日本企业之所以无法提高工资，很大程度上也与僵化的"日本式就业"（以难以解雇员工著称）有关，并不能简单地说全是企业的问题。不过，在这种状况下，政策制定者自然会意识到企业利润的分配中，员工薪资所占比例是否足够的问题（前首相安倍晋三也同样如此）。

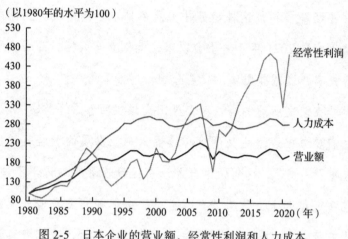

图2-5　日本企业的营业额、经常性利润和人力成本

资料来源：INDB,统计对象包括所有规模及行业的企业。

增长是前提

话虽如此，即使从促进员工薪资增长的角度来看，日本现行的入境限制和活动限制也是难以理解的。这些限制因为缺少根据而被指责和讽刺，在很大程度上影响了经济活动，但岸田政府仍在实行这样的措施。如果日本国内经济增长的机会受到抑制，企业部门中员工工资增长的来源也会减少。如前所述，在感染高峰过后不久，日本的经济增长率明显低于欧美的发达国家，这与日元的贬值和日本股市的低迷都有联系。即使抛开日本与欧美发达国家相比本就存在的经济实力的差异，2021 年以来日本经济与欧美发达国家相比，其差距也大到令人"难以直视"。

仅就本书创作时的情况来看，日本的金融市场还停留在"'新资本主义'会不会把股价和经济当作牺牲品"的混乱和恐惧中。要想打破这个局面，就必须调整疫情防控措施，恢复以经济发展为优先的方针。日本的防控措施很大程度上是为了获得老年群体的支持，但这种措施也导致了市场上缺乏消费和投资的动力。而企业的利润不增长，员工的工资也就无法提高。日本经济增长率的低下，也迫使利率稳定在与此一致的低水平。因此，在国际市场上，投资者更倾向于投资其他外汇而回避日元。股票投资更是如此——股票是对企业未来的增长的投注。

日本在缺乏资源的同时面临严重的少子老龄化，如果日本的经济再不增长，就会陷入贫困之中。"增长"是"分配"的前提。近期有关"日本廉价化"的报道文章在迅速增加，这是不争的事实。我只希望在本书出版时，情况能有所改观。

第 3 章

"日本廉价化"的现状和前景:

日本的"观光立国"是必然的吗

"日本廉价化"的真实情况：媒体报道"买一部 iPhone 手机需要花费月薪的六成"

虽说此前也有报道，但自 2020 年以来，"日本廉价化"这一词语开始变得随处可见。"日本的商品和服务（以工资为标志）比其他国家廉价"，日本的读者可能都在一些地方听说过这种说法。

关于这种观点，有很多种深入展开讨论的方法，但本书为清晰起见，多用特定的全球性商品的价格作为衡量标准。这些商品包括麦当劳的"巨无霸"汉堡、星巴克的拿铁咖啡以及苹果公司的智能手机 iPhone。举例来说，2021 年秋，苹果智能手机新品 iPhone 13 发售；而在 2021 年 9 月 16 日的《日本经济新闻》中，"iPhone 的价格在 10 年内增加到原来的 3 倍，达到 19 万日元，为日本人平均月薪的约六成"这条报道引起了热议。

日本民众切身意识到了进口商品的价格昂贵，这就表明了与其他国家相比，日本的收入环境可能已经开始恶化。而从他国的角度来看，这表明字面意义上的"日本廉价化"正在加剧。2022 年 7 月 1 日，苹果公司将主要产品在日本的售价提高了 10%～20%，其中就包括智能手机 iPhone。这次的大幅涨价在日本引起了轰动。有分析指出，苹果公司此次在日本（且仅在日本）的价格调整，就是 2022 年 3 月以来日元大幅贬值、美元对日元大幅升值的反映。[⊖]

处在"半个世纪以来的最低点"的日元

包括上述智能手机 iPhone 在内，各种商品的价格在经济分析中统称为"物价"。物价代表一个国家的居民在日常生活中所面对的商品和服务的"对内价值"。与之相

⊖ 《苹果产品在日本的价格于一天之内同时上涨　iPhone 13 的涨幅达到了 19%》，《日本经济新闻》，2022 年 7 月 1 日。

对，当目光看向国外时，表示"对外价值"的汇率，也就是货币的价值更为重要。日元贬值意味着日本的商品和服务的"对外价值"降低，日本以美元计算的 GDP 水平也会变低。

名义有效汇率是衡量日元对其主要贸易伙伴价值的加权平均数，而实际有效汇率则是在名义有效汇率的基础上，考虑到物价的变化而得出的数值。前者常用英文缩写 NEER（Nominal Effective Exchange Rate）表示，而后者则用 REER（Real Effective Exchange Rate）表示。名义有效汇率和实际有效汇率均由国际清算银行（Bank for International Settlements，BIS）定期公布。而实际有效汇率常被用来衡量一种货币的整体实力，实际有效汇率与其长期平均值的差值也常常受到关注。

2021 年下半年以来，正如日本媒体铺天盖地的报道所描述的，日元的实际有效汇率已经跌至"半个世纪以来的最低点"。如图 3-1 所示，日元自 1973 年初开始采用浮动汇率制，同年第一季度，日元的实际有效汇率为 68.08，是长期以来日元实际有效汇率的最低点。而截至 2022 年

6月，日元的实际有效汇率已降至60.33，比1973年第一季度的水平还低了10%以上，名副其实地处于"半个世纪以来的最低点"。2022年以来，很多读者可能已经看到这个表述（"半个世纪以来的最低点"）多次了。

（以2010年的水平为100）

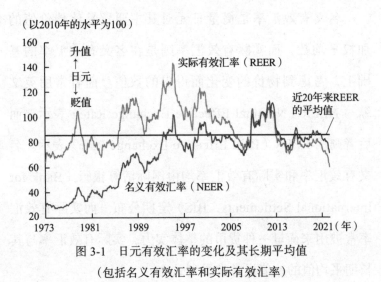

图3-1 日元有效汇率的变化及其长期平均值
（包括名义有效汇率和实际有效汇率）

资料来源：BIS。

2015年6月，日元的实际有效汇率曾一度跌至70.64（这个水平被称为"黑田线"）。而2021年11月，日元的实际有效汇率已经跌破了这条"黑田线"，此后还在一路下行。2015年6月时的美元/日元汇率为1美元兑

125.86 日元，是在"安倍经济学"政策期间达到的最高值。2015 年 6 月 10 日，黑田东彦在日本众议院财务金融委员会会议的发言中称，"日元的实际有效汇率已经到了这个水平，在正常情况下日元不太可能进一步贬值了"。彼时黑田东彦认为，此后外汇市场上投资者将更多地购入日元，美元 / 日元汇率会迅速回落。然而，2022 年 4 月，美元 / 日元汇率轻松突破了 1 美元兑 125.86 日元，随后美元 / 日元汇率还在不断攀升，新闻头条陆续报道美元 / 日元汇率达到 20 年来（随后是 23 年来、24 年来……）的新高。而自从 1973 年 2 月日本完全采用浮动汇率制以来，2022 年可能是第一次，日本的政界、商界以及全社会，对日元的贬值没有感到高兴，甚至产生恐惧感。

"日本廉价化"在悄无声息地到来

图 3-1 显示，自 2020 年以来，日本实际有效汇率的跌幅高于名义有效汇率。严格来说，从 2017 年开始，我们就可以明显看出这种倾向了。其原因在于，实际有效汇

率的计算依赖于两点因素：一国对其主要贸易伙伴的名义汇率，以及二者间物价的相对变化。对日元来说，前者指的是美元／日元的汇率。各位读者可能也关注过美元／日元汇率，对大多数日本人来说，谈及"汇率"一词时，指的就是美元／日元汇率。然而，即使汇率不变，如果日本的物价相对于其他国家急剧下降，在实际有效汇率的计算上，也会解释为"日元实际上贬值了"。换句话说，日元实际有效汇率的下降，意味着在外国人眼中，日本商品和服务的价格下降了（也就是在实际上更便宜了）。因此，实际有效汇率是衡量"日本廉价化"的重要指标。在日本社会中，公众最关注美元／日元汇率，但对日本经济整体来说，实际有效汇率的影响更为重要。

对日本人来说，日元的实际有效汇率跌破史上最低值，代表着日元购买力的下降；但对于外国人来说，则意味着其国家货币对日本商品和服务购买力的上升。在本书创作时，对赴日外国游客的入境限制还未完全解除。不过与之前相比，未来赴日外国游客的购买力应该会显著增加。

顺带一提，虽然日元的实际有效汇率在 2017 年左右就开始低于名义有效汇率，但 2017 ~ 2019 年是一个平静期，其间美元 / 日元汇率的波动范围相当小，2018 年和 2019 年两年更是连续更新波动范围最小的纪录。也就是说，在公众关注的名义汇率还没有变动时，物价的相对变化就已开始：由于日本的物价远落后于世界上的其他国家和地区，彼时"日本廉价化"就在进程之中了。只不过到了 2022 年，当日元贬值的幅度达到美元 / 日元汇率一年提高 20 ~ 30 日元的程度时，"日本廉价化"才成为每个日本人都感同身受的事实。但早在 2017 年，由于日本国内外物价差距的扩大，日元的购买力就开始（相对于其他货币）下降了。"日本廉价化"的进程，早在日本人真正体会到之前就已经开始。

"半个世纪以来的最低点"下的工资差距

对于日本实际有效汇率"半个世纪以来的最低点"，笔者再举一个贴近大家生活的例子作为补充。一般来说，随着一个国家经济的增长，该国的名义工资提高，商品和服务的价格也会随之上升。其结果是，表示该国物价的CPI也会增加。在日本的经济陷入停滞时，其他国家的经济在增长，其结果就是日本的CPI与许多国家相比增长较慢。由于计算实际有效汇率时需要考虑CPI的情况，所以日元实际有效汇率的最终计算结果也随之被拉低了。

在本章开头，笔者以智能手机iPhone在日本售价的上涨为例，说明了汇率波动（日元对美元贬值）对物价带来的影响。但对于iPhone的定价来说，还有一点是需要注意的：工资。从新品定价时的角度来看，来自工资上涨国家的新产品，对日本消费者来说往往价格就会更高。这一点不仅体现在iPhone上，在2021～2022年，名牌手表（如劳力士）、进口高端汽车（如梅赛德斯奔驰），这些高档商品在日本的售价也相继上涨。各个国家和地区的工资水平不尽相同，如果一款商品销往世界各地，那么厂商在制定价格时，遵循利益最大化原则，也自然会在工资水平更高、购买力更强的国家和地区制定更高的定价，反之亦然。

但是，对于一款销往全球的商品来说，售价在不同国家（和地区）有很大差异，这一点是难以维持的。而对iPhone、劳力士手表等易于携带的热门商品来说，携带该商品跨越海关不是难事，因此国家和地区间价格差异过大就更难维持。其结果是，商家为统一全球的定价水平，不会过多考虑日本人对金钱的敏感程度如何，日本人有需求的进口商品的价格就相对提高了。这种机制不仅对智能手机和手表有效，它广泛存在于多种中间产品和最终产品之中。

日元的实际有效汇率达到"半个世纪以来的最低点"，其原因就与日本国内外的这种物价差距（更准确来说，工资增长率的差距）有关。如果事实如此，那么有关"半个世纪以来的最低点"的讨论，就会以"为什么日本的工资没有上涨？"这个问题结束了。在有关日本经济的讨论中，"日本工资为什么没有上涨"这个问题常常成为讨论的焦点。然而，这是一个非常大的问题，在本书创作的目的之外。因此，我想把这个问题放到今后，或是留给对之更为了解的各位专家来讨论。

"廉价化"的日本如何生存下去

既然日本的现状可以称为"日本廉价化"了，那么光是唉声叹气也无济于事，作为国家，日本的问题在于如何利用好这一现状。2021 年 12 月 14 日的《日本经济新闻》中有一篇文章，报道了在日元贬值和国际劳动力成本上升的背景下，日本的主要服装公司回归日本国内生产。这则报道显示，日本的街头巷尾都在谈论的"日本廉价化"，已开始影响企业部门的行为。

当然，在国际供应链混乱的背景下，受供给紧张影响的不只有服装行业。可能是由于日本的生产和经营环境比较稳定，《日本经济新闻》的那篇文章提及的服装公司，预计未来会将日本国内的生产比例由 10% 提高至 50%。从某种意义上说，该公司回到了半个世纪前的经营模式。在日元汇率跌破"半个世纪以来的最低点"时，经营模式也回到半个世纪前，这似乎是理所当然的。

不过，仅从生产成本来看，日本国内的生产成本依然更高。日本企业回归日本国内生产，其目的更在于缩短从订单、生产到交付这一过程的时间，减少机会损失。但是，如果其他国家的工资和物价不断上涨，而日本持续陷入停滞，那么日本的生产成本，也迟早会变得比其他国家更低。运用本国的"廉价"来对外出口，是发展中国家的特点，也是日本第二次世界大战后早期的发展模式。G7的成员国都是国际上主要的发达国家，日本作为其中一员，在经济上却表现出了"返祖"的迹象，这十分值得关注。

以"廉价"为卖点，日本服务出口额增长

不仅是商品，日本的服务业也利用"廉价"来推动出口。服务业与制造业不同，不需要考虑复杂的生产过程。因此，与商品相比，日本服务的廉价对外国消费者更有吸引力。这一点早在 2013 年"安倍经济学"政策实施时就已显露出来。在当时，虽然日元大幅贬值，但由于日本的相关企业将生产转移到了海外，日本制造业的出口没有明显增加。

与商品不同，日本服务的国际收支在"安倍经济学"政策实施后，就由常年的逆差转为顺差，其核心就是旅游收入的大幅增长（见图3-2）。旅游收入是通过对外国游客提供服务，也就是所谓入境服务，一国所获取的外汇收入。服务虽然与汽车、电器等有形的商品不同，但也是一种重要的出口形式。如果说在"安倍经济学"政策下，日元贬值对日本实体经济产生了什么直接且正面的影响，那么这种影响就反映在以旅游业为主的服务出口，而不是商品出口上。日本的旅游收支在2015年首次由逆差转为顺

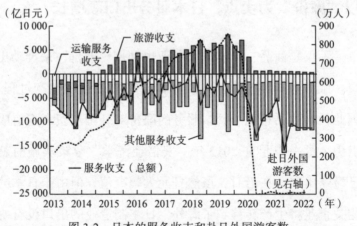

图3-2　日本的服务收支和赴日外国游客数

资料来源：日本银行，INDB。

差，当年为 1.1 万亿日元。四年后的 2019 年，这一顺差接近于增加了 2 倍，达到了 2.7 万亿日元。考虑到彼时的增长趋势，如果没有新冠疫情的影响，日本的旅游收支顺差很可能继续创新高（2020 年东京奥运会未能如期举办尤其令人遗憾）。

考察更为具体的数据，日本 2021 年全年经常项目顺差为 15.5 万亿日元，比 2014 ～ 2019 年的平均值 19.5 万亿日元低了 4 万亿～ 5 万亿日元。2021 年日本经常项目顺差的缩小，其原因并不单一。但原材料，尤其是石油价格高涨所导致的贸易逆差扩大，所带来的影响相当大。就实际情况来看，日本旅游收支的顺差（2019 年约为 2.7 万亿日元），可以抵消日元贬值所带来的影响中不小的一部分。而自 2022 年 3 月以来，以贸易逆差扩大为标志，供需环境的变化推动了日元历史性的贬值。此时，如果旅游收支可以继续保持相同水平顺差，就能在一定程度上遏制情况的进一步恶化。

在遏制日元贬值的同时，赴日游客的增加还可以产生提振经济的效果。据日本观光厅公布的数据，截至 2019 年，外国游客在日本的消费金额约为 4.8 万亿日元，连续 7 年创下新高。如前文所述，日元的实际有效汇率正处于"半个世纪以来的最低点"。这意味着外国赴日游客会认为日本物价"更低"，在日本观光时可能消费和投资更多。虽然我们更倾向于把关注点放在"日本廉价化"的不利影响上，但正如本章标题所述，"日本廉价化"对日本来说也是个商业机遇。

当然，仅凭这些来日本的外国游客的消费和投资，就能促进日本整体的就业，提高工资，甚至改善物价水平，这就有些夸大其词了。然而，正如笔者在后文中将要论述的，如果日本在未来将赴日外国游客看作赚取外汇的主要手段之一，那么在政策上再继续排斥外国游客，显然不是明智之举。

"观光立国"的愿景

在本书创作时，岸田政府仍然在维持严格的入境限制政策。不过，当日本国内外人员流动完全恢复正常之后，展望"日本廉价化"的未来，应该会有不少人认为，日本的旅游收支顺差将不断增长，日本在"观光立国"政策的指引下将逐渐旅游国家化。一个"依赖外国人的钱包"的旅游国家，有优点也有缺点。但无论如何，重要的是这样一个事实：许多外国游客将受"相对便宜的日本"吸引，来到日本，在日本消费和投资后回国。与金钱一样，如果不加以人为的限制，人也会遵循理性的原则流动。

回顾日本截至 2019 年的情况，我们会发现东京市中心的饮食、住宿价格在提高，特别是受外国游客欢迎的寿司店和旅店。我们完全可以预计，在未来，日本旅游目的地的商品和服务价格将会根据外国游客的消费、投资意愿而上涨。这一趋势将以东京市中心为起点，逐渐扩散到日本各地。虽然旅游业的影响在波及日本整体的一般物价前还存在一个滞后期，但考察国际上的先例，如意大利的威尼斯和法国的巴黎，这些城市中许多商品和服务的定价标准已经更加倾向于外国游客，高出当地居民消费水平不少。

如前所述，反映一种货币整体实力的实际有效汇率，取决于两点：第一，名义汇率；第二，物价的相对变化。如果受东京市中心物价上升的影响，日本的一般物价开始上涨的话，先前由于物价相对偏低而下降的实际有效汇率也会转为上升。这种变化是符合相关经济学理论的。

不过，日元在其实际有效汇率提升的基础上升值，对日本本国的居民来说是否值得高兴，那就是另一回事了。根据本章之前的描述，旅游国家化似乎是日本非常美好的未来，一些人甚至认为"旅游立国"是日本将来唯一可行的道路。然而，从不同的角度来看，日本的旅游国家化，也意味着日本的经济将为赴日外国游客服务，日本本国居民的消费、投资以及社会福利届时也会成为新的问题。日本是一个对不同文化非常敏感的国家，这些新问题势必会成为议论的焦点。

即使不去谈日本的整体情况，仅就日元汇率这一更加直接的问题来看，"观光立国"也具有重要的影响。如前所述，如果日本服务收支特别是旅游收支一直保持高额顺差，那么日本的一般物价也会随着日本的旅游国家化而上涨。如果事实如此，那么名义汇率的回升，也不一定让日元的实际有效汇率回归到过去的同等水平。也就是说，美元 / 日元汇率很难回到过去 1 美元兑 70 ~ 90 日元（在具体数值上，不同人的观点也不尽相同）的水平了。

入境限制让外国人担忧

考虑到日本商品的生产不断向海外转移，对日本经济来说，旅游收入则成为外汇的重要来源。但令我们怀疑的是，日本的政治家是否真正意识到了这一点的重要性。

具体来说，岸田政府严格的入境限制虽然在名义上是为了疫情防控，但考虑到限制外国人入境的同时日本人出入境却不受限制，日本的入境限制政策可以说在事实上是无效的。与之相对，2022 年春以来，多数发达国家已经取消了入境限制，人员往来恢复了正常。有人指出，日本仍然坚持严格的入境限制与日本较高的老年人口比例有关，因为老年人多持有较强的保守倾向，更希望执行严格的防控措施。岸田文雄上任后不久的 2021 年 12 月，其在一次经济有关会议上明确表示，"（防控措施）过犹不及"。

而在实际上，岸田政府也一直坚持着严格的入境限制。其结果是，虽然日本的入境政策使日本经济滞后于其他发达国家，但由于岸田政府的支持率保持稳定，日本在政治上缺乏放宽入境政策的动力。

然而，日本的入境政策对日本国内外的经济主体都是不合理的。2022 年 2 月 9 日，日本美国商会特别顾问克里斯托弗·拉弗勒（Christopher J. LaFleur）在新闻发布会上吐露心声："我心中不得不产生这样一个疑问：其他国家的企业能否把日本当作一个长期可靠的合作伙伴？"而新闻发布会后的次日（2022 年 2 月 10 日），《日本经济新闻》就刊登了一篇题为"外国企业要求解除入境限制：日本美国商会等批评日本的入境限制，德国企业称'损失了130 亿日元以上'"的报道。在该报道发表时，日本美国商会至少有 150 名成员被拒绝入境日本，而拉弗勒则称具体人数"包括家属则达到了几百人"。

受日本入境限制影响的还有留学生。2022 年 2 月3 日的《每日新闻》刊登一篇题为"留学生的不满：我什么时候能去日本？"的报道。该报道称，由于日本的入境限制，外国留学生等访日人士被日本拒之门外。在少子老龄化的背景下，接纳世界上具有前途的公司和人才，是符合日本的国家利益的。而入境限制则与之背道而驰。

2022 年 4 月 17 日，国际航空运输协会（简称 IATA）理事长威利·沃尔什（Willie M. Walsh）在出席新加坡的一个活动时，呼吁日本放宽入境限制。沃尔什称，日本入境限制阻碍了亚太地区航空业的正常化。在日本人可以出国旅行的同时，其他国家的人在入境日本时，即使是出于商业或求学的目的，也要受到严格的限制。这无疑给其他国家一种日本将外国人"踢到一边"的印象。

日本国内也有一些类似的声音。在 2022 年 4 月 27 日的日本政府经济财政咨询会上，一位议员提议，应尽早恢复"以旅游为目的的入境"。尽管日本的入境限制遭到了诸多反对，但在本书创作时，日本仍存在每日 2 万人的入境人数限制，日本政府也没有取消这种限制的意思。

与之相对，2019 年访日外国人的人数为近年来最多，当年约有 3200 万人访问日本，也就是平均一天有 8.8 万人。2 万的入境人数限制，还没到 2019 年 1/4 的水平。如前所述，岸田政府入境政策背后的逻辑令人费解。就连岸田文雄本人也说，"抓住强劲的国外需求将提高日本经济的活力，增强日本经济的长期增长潜力"。

日本政府的入境限制政策和日本国内偏向保守的舆论环境有很大联系。而这一政策对日本经济的影响并不局限于短期之内，我们在未来的几年内也需要密切关注其后续影响。例如，2022 年 4 月 11 日，《每日新闻》的一篇报道就对中长期的影响表示担忧。该报道称，不合理的入境政策给日本带来的负面影响还将在今后的 2 ～ 5 年陆续显现出来，而想要挽回其他国家对日本所失去的信任则更加困难。该报道中还提到了其他国家的大学终止与日本交换留学项目的案例。该报道认为，想要完全恢复这些中断的关系，需要很长的一段时间。

日本的企业和大学生可以出境，反之则不行，这样的现状十分令人担忧。也难怪许多国家的企业和大学正在重新检视他们与日本今后的关系了。在本书创作时，很难准确估计日本所受损失的大小以及后续影响持续的时间。但可以肯定的是，日本在自然资源稀缺的同时又面临着少子老龄化的问题，此时在缺乏科学根据的情况下，实施将外国人拒之门外的政策，其危险是相当大的。如果考虑到对于日元贬值的担忧，则更是如此了。

旅游收支上日元与人民币的关系

旅游收支虽然比贸易收支更少受到关注，但前者对日元走势预测的影响并不算小。2019 年，赴日外国游客人数达到了 3188 万人，旅游收支约为 2.7 万亿日元，二者都是历史最高。而来日本旅游的外国游客之中，中国游客所占比例最高。就 2019 年而言，中国大陆游客人数占到了总数的约 30%（945 万人），韩国游客人数位居第二，只占总数的约 18%（558 万人）。正如美国游客前往日本旅游时会用美元兑换日元一样，中国游客来日本旅游时，也会卖出人民币，买入日元。考察名义有效汇率的趋势，我们可以发现，日元的贬值始于 2021 年初，而人民币也在同一时间开始升值（见图 3-3）。

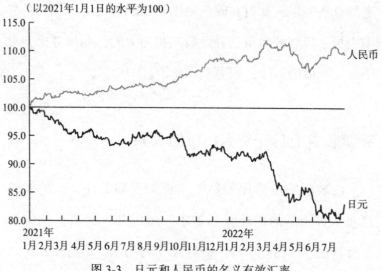

（以2021年1月1日的水平为100）

图3-3　日元和人民币的名义有效汇率

资料来源：Macrobond，统计到 2022 年 7 月末。

虽然很难确定具有因果关系，但日元和人民币走势的对比，总让人想起在旅游收支上日本顺差消失，而中国逆差消失的事实。如图3-4所示，在2019年之前，中国的经常项目有时也出现间歇性的逆差；但在2020年之后，随着国际上旅行受阻，中国的旅游收支逆差（以及服务收支逆差）急剧缩小，经常项目的顺差随之得到了增加。而从日本的角度来看，这意味着中国游客赴日消费热潮（被称作"爆买"）不再，日本失去了一个赚取外汇（通过中国游客用人民币兑换日元）的机会。如图 3-3 所示，人民币的升值和日元的贬值，与两国旅游收支的状况似乎具有一定的关联性。

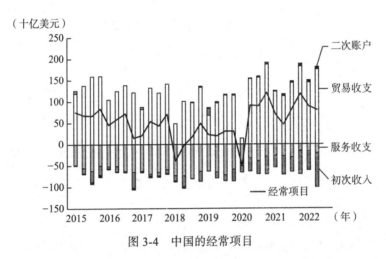

图 3-4 中国的经常项目

资料来源：Macrobond。

不过，日本也有论调认为，"出于政治上的考虑"，日本的经济和汇率的稳定不能依赖中国游客。可是，我们必须意识到，与日本实体经济密切相关的是汇率问题，而不是这种所谓"政治上的考虑"。作为一个国家，如确有国家安全上的需要，日本在相关方面进行限制也是无可厚非的。但在本书的范围内，我们只讨论外汇市场上的供求关系。

———————————————————— 专栏② ————————————————————

"日本廉价化"之下，
GDP 平减指数反映了"富裕程度"

GDP 平减指数反映"富裕程度"

经常与日元贬值同时使用的"日本廉价化"一词，更多地表现了从外国人的角度评价日本时的印象。而从日本人的角度来看，"富裕"与否比"廉价"与否更为重要。对此，了解日本在与 GDP 同时期，每季度公布一次的 GDP 平减指数，对于把握日本经济的"富裕程度"是很有帮助的。

GDP 平减指数是由名义 GDP 计算实际 GDP 时需要用到的一项价格指数，具体计算公式如下：

名义 GDP 增长率 – GDP 平减指数 = 实际 GDP 增长率

了解 GDP 平减指数的来源，有助于理解困扰日本经济多年的通货紧缩的性质，并对 2022 年以来日本经济所面临的现状，包括原材料价格上涨、日元贬值和进口产品物价上涨，能够有更为清晰的认识。

首先，GDP 平减指数的定义式如下：

名义 GDP ÷ 实际 GDP＝GDP 平减指数

根据国内生产总值的"三面等价原则"（总产出＝总收入＝总支出），名义 GDP 与名义国内总收入（GDI）相等。因此，GDP 平减指数还可以表示为：

名义 GDI ÷ 实际 GDP＝GDP 平减指数

非常粗略地说，名义 GDP 是一个生产"金额"的概念，实际 GDP 则是在去除物价变化因素后，生产"数量"的概念。而名义 GDI，则是一个收入"金额"的概念。因此，"名义 GDI ÷ 实际 GDP"的算式，计算的是每生产一个单位的增加值，可以获得多少金额的收入。在直观上，如果该收入没有增长，大众就很难感受到"富裕程度"有所改善。

图 3-5 展示了自 2012 年以来的 10 年间，日本 GDP 平减指数的变化，从图中也可以看出构成 GDP 平减指数的不同需求项目的变化。如图 3-5 所示，近 10 年内，日本的 GDP 平减指数断断续续地在下降，其原因主要在于进口平减指数的下行，而在时间上与原油等原材料价格的走势相

吻合。例如，2013～2014年以及2021～2022年这两个时间段，都同时出现了原材料价格上涨和日元贬值的情况。

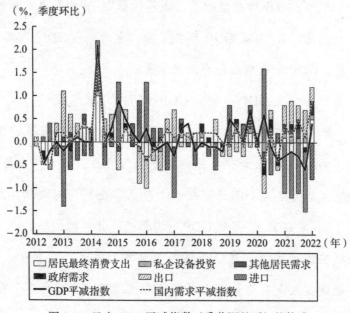

图 3-5 日本 GDP 平减指数（季节调整后）的构成

资料来源：日本内阁府。

换句话说，日本 GDP 平减指数下行的时期，就是日本贸易条件恶化（贸易损失增加）的时期。所谓贸易条件，简单来说就是"每出口一个单位，可以进口几个单位"的概念。日本作为一个资源的进口国，如果原油价格上升主导的进口价格相对于出口价格上升，日本的贸易条件就会恶化。由于进口价格是 GDP 平减指数的构成之一，此时日本的 GDP 平减指数也往往会下降。而当日本 GDP 平减指数上升时，则主要是受国内商品价格上涨（也就是"国产通货膨胀"[⊖]），而不是进口商品价格上涨的影响。日本人提及的所谓"好的通货膨胀"，大多数时候就指的是"国产通货膨胀"。日本内阁府将 GDP 平减指数作为"克服通缩"的四大指标[⊜]之一，其原因也在于此。

日本的 GDP 平减指数受制于贸易条件

在日本，CPI 和 GDP 平减指数常常是人们关注的焦点。在这里，笔者想加深各位读者对于这两个指数的理解，特别是二者在构成上的差异。

日本的 CPI 长期稳定处于低位，而 GDP 平减指数的下行则更为明显（见图 3-6）。以 2021 年这一年的情况为

⊖ 国产通货膨胀，指因供不应求、工资成本上升等国内原因引起的物价上涨，与输入型通货膨胀（国际贸易等国外因素引发的通胀）相对。——译者注

⊜ 日本政府（内阁府）判断"克服通缩"的四大指标为 GDP 平减指数、消费者物价指数（CPI）、单位劳动成本（ULC）和 GDP 缺口。

例，2021 年第二季度到同年第四季度的连续三个季度，日本的 GDP 平减指数都保持环比下降。此外，2021 年第二季度日本的 CPI 较上一季度降低，而在随后的第三季度和第四季度则转为了升高。从长期来看，处于更低水平的 GDP 平减指数而非 CPI，更加符合大多数日本人对于日本通货紧缩及其进程的印象。

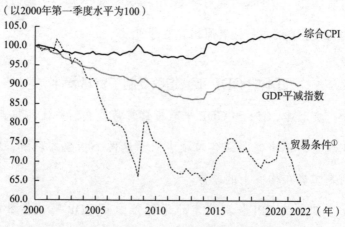

图 3-6 日本的综合 CPI 与 GDP 平减指数及贸易条件

资料来源：Macrobond。

注：①贸易条件指数＝出口平减指数÷进口平减指数

CPI 和 GDP 平减指数二者的区别在于对进口商品的处理方式不同。更直接地说，二者的区别来源于贸易条件的变化。根据定义，二者间的差异可以简单地解释如下：CPI 针对的是国内消费，也反映进口商品的价格；而 GDP 平减指数反映的是国内生产商品的价格，其中包括出口商品。

举例来说，自 2022 年以来，日本的生产价格指数（PPI）明显上升，这表明了日本企业部门的负担在加重。而这一负担，大部分来自于原材料价格，也就是进口商品价格的上涨。前文的图 3-5 就显示，日本 GDP 平减指数的下降在很大程度上是被进口平减指数所拖累。换句话说，日本 PPI 的上升和 GDP 平减指数的下降都反映了同一个事实，那就是进口商品（尤其是原材料）价格的上涨导致了日本企业部门负担的增加。

CPI 也反映了进口商品的价格，所以在资源价格高涨的时期往往会上升。不过，在日本，原材料价格高涨带来的成本上升，主要由企业部门所承受。因此，原材料价格上涨的影响主要反映在 PPI 而不是 CPI 上，日本 CPI 的变化并不十分明显。以日本 2000 年初的 CPI 为基准值进行比较，可以看出日本的 GDP 平减指数较之于 CPI，明显处于更低的水平。而 GDP 平减指数下行的原因，在于进口商品价格的上涨使日本贸易条件恶化（见图 3-6）。所以，笔者认为，GDP 平减指数比 CPI 更能反映日本经济的不振。

"通缩"源于"通胀"

前文提过，GDP 平减指数反映了"每生产一个单位的增加值，可以获得多少金额的收入"。而对于日本的民众来说，GDP 平减指数直接与他们感受到的"富裕程度"（或"贫穷程度"）有关。日本人常常模糊地用"大"和"小"来形容自己对通缩"程度"的感受，而笔者认为，GDP 平减指数和这种"大小"的感受是一致的。总结一下，日本进口商品价格的上涨导致日本贸易条件恶化，日本居民的收入更多地流向了海外（尤其是资源出口国），日本人因此产生了"通缩"感，也就是感到了贫穷。

除 GDP 平减指数以外，还有其他指标也可以反映贸易条件的恶化减弱了日本人感受到的"富裕程度"。由于本专栏的主旨在于解释 GDP 平减指数的重要性，所以对"富裕程度"的说明也主要基于 GDP 平减指数，即使这可能逻辑有些绕。总的来说，决定实际工资的因素在理论上可以分为三点：①劳动生产率；②贸易条件；③劳动分配率。⊖ 图 3-7 展示了日本每小时实际工资的累计同比变化率，以及这三点因素对实际工资的影响程度。从图 3-7 中可以看出，与劳动分配率相比，贸易条件的恶化对日本实际工资的抑制作用更为明显。虽然日本贸易条件的恶化，很大程度上是由于原材料价格高涨，但日本政府也负有不可推卸的责任：长期以来，日本的经济政策，都将日元贬值奉为解决一切经济问题的"灵丹妙药"。

　　本专栏以 GDP 平减指数为中心，说明了日本民众在日常生活中感受到的"变穷"，或者说所谓的"通缩感"，主要是由于原材料价格高涨等因素导致的日本贸易条件的恶化。总而言之，日本的"通缩"源于原材料价格上涨、日元贬值等因素导致的"通胀"。众所周知，原材料价格

　⊖　每小时实际工资的变化率由以下三个因素决定：①每小时劳动生产率的提高率；②贸易条件的变化率；③劳动分配率的变化率。决定每小时实际工资的各因素计算公式分别为：①每小时劳动生产率＝实际 GDP ÷ 总劳动投入小时数；②贸易条件 ＝GDP 平减指数 ÷CPI；③劳动分配率＝名义工资 × 总劳动投入小时数 ÷ 名义 GDP。每小时实际工资由① × ② × ③得到，等于每小时名义工资除以 CPI。正如文中所论述的，GDP 平减指数与 CPI 变化率之差也是出口和进口变化率之差，因此贸易条件的变化率也等于 GDP 平减指数与 CPI 变化率之差。

上涨带来的 CPI 升高是不可取的，而这一点通过 GDP 平减指数反映得更为清晰。

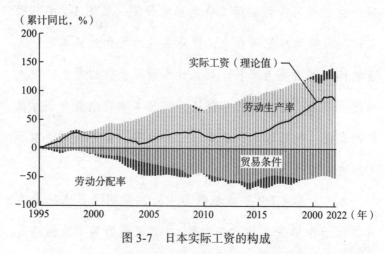

图 3-7 日本实际工资的构成

资料来源：日本内阁府《国民经济计算》，日本厚生劳动省《每月勤劳统计》。

第 4 章

真正应该担忧的是"家庭部门的日元抛售":日本人还能"沉稳"下去吗

贸易逆差和直接投资促进"企业部门的日元抛售"

如前所述，自 2022 年春以来，日元贬值在日本一直是人们关注的焦点。而日元贬值的原因，除了日美货币政策的差异之外，还包括以贸易逆差扩大为标志的日本供需环境的变化。这里的"供需环境"，详细来说包括两点：一是贸易逆差的扩大，其原因主要在于原材料价格的高涨；二是（这一点笔者在第 1 章论述过）日本企业部门对外直接投资的扩大，给日元施加了相当大的下行压力。贸易收支是每月经常发生的日元卖出与外汇买入，而直接投资则是日本企业在并购外国企业时一次性产生的大额日元支出。自 2011 年、2012 年起，日本对外直接投资的势头开始显著增强，其结果是，如今直接投资已经占到了日本对外净资产的一半左右。

过去，日本的对外净资产主要是对外证券投资，以美国国债和美国股票为代表。在避险情绪高涨时，投资者出售其持有的外国证券（可以近似看作卖出外汇，买入日元）是合理的举措。然而，在直接投资为主的现在，投资方很难去出售自己控股的海外企业，因为企业的并购是需要经过深思熟虑才能做出的决定，投资方并不愿意轻易放弃并购来的企业。如今，投资者以避险为目的的日元购入意愿减弱，日本的贸易顺差转为逆差自然是原因之一；但笔者认为，从中长期的角度来看，日本对外直接投资所占比例的增大也是一大原因。此外，笔者在第 1 章也说明过，供需环境的这两点变化，可以概括为基础收支（经常项目收支＋直接投资）的外流。

真正需要担忧的是"家庭部门的日元抛售"

贸易逆差和直接投资虽然促使了"企业部门的日元抛售"，但笔者认为无须过度担忧。例如，在贸易收支上，无论是顺差还是逆差，虽然可能因为资源价格高涨而产生极端的数据，但在理论上都是国际分工的最佳结果。不能说顺差就是好，逆差就不好。美国前总统特朗普说贸易的顺差或逆差就是企业的盈利或亏损，这种观点是有待商榷的。

而且，对日本的企业来说，离开注定越来越小的日本市场，把目光看向海外，通过扩大海外的市场和业务来谋求生存和发展，这是理所当然的。日本对外直接投资的增长反映的就是日本企业的这种动向。这种动向虽然可以解释为一种资本外流，体现了日本企业认为在日本投资的预期收益率不如海外，但资金的外流并不能一概当作"不好"。如果日本企业在海外的业务取得成功，日本经济也能从中受益。事实上，以 2011 年、2012 年为节点，此后以海外投资收益为主的初次收入开始支撑起日本经常项目的顺差。即使日元处于贬值，高额的初次收入也能在外汇评估上有利于日元，从而提高日本经常项目总体的顺差。

换句话说，贸易逆差和直接投资这两点虽然促使了"企业部门的日元抛售"，但其本身也有一定的好处。与之相比，笔者一直认为，真正应该担忧的是"家庭部门的日元抛售"：家庭部门开始将持有日元计价的资产当作一种风险，反而对海外投资产生兴趣。家庭部门的这种动向与企业部门不同，前者只是单纯的防御性行为，对日本经济几乎没有好处。即使日本家庭金融资产只有几个百分点流向了外国货币，在总的规模上也相当可观，并将给日元汇率带来巨大的下行压力。在下一节中，笔者将对这一点进行详细说明。

放弃经济增长必将招致"家庭部门的日元抛售"

在本书创作时，"家庭部门的日元抛售"在日本并不是迫在眉睫的危机，但我们不能保证今后也一定不会发生。2022 年 3 月以来日元在剧烈贬值，但岸田政府对金融市场可谓没有任何的支持。在第 2 章后的专栏①中，笔者提及了日经 CNBC 的调查和海外投资者抛售日元的动向，而这两点都能体现出岸田政府的不作为。岸田政府在少子老龄化的背景下，一味地顺应老龄人口，采取保守的政策。这种政策虽然可以保住岸田政府的支持率，但只会让日本的经济增长停滞。在其他国家已经以经济恢复为优先时，日本的入境限制等政策（到本书创作时）依然没有改变，日本政府仍然限制活动，将外国人拒之门外。这种做法所产生的影响，反映在 GDP 上则是一目了然：2021 年之后，日本的实际 GDP 增长率明显低于其他发达国家（见图 4-1）。

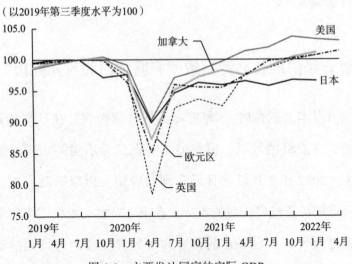

图 4-1　主要发达国家的实际 GDP

资料来源：Macrobond。

注：以 2019 年第三季度水平为 100，是为了避免同年日本消费税上调以及台风"海贝思"带来的影响。除英国、日本和加拿大之外，数据只统计到 2022 年 4～6 月。

图 4-1 所反映的情况，并不能用"日本的潜在增长率本就很低"来解释。2021 年日本的经济本应有望从 2020 年的疲软中反弹，而且东京奥运会也于 2021 年举行，但 2021 年日本的经济仍然处于停滞之中。考虑到 2021 年日本餐厅的营业时间缩短，个人活动受到限制，消费和投资意愿自然也无法恢复。正如上文所述，日本作为一个拥有大量老年人口的国家，采取这种防控政策会让政府更少受到批评，在支持率上是有益的。但是，如果日本政府在政策的制定和实行上总是以老年人口为优先，那么今后日本在经济上还会遇到更多阻碍。

日本自诩为一个民主的国家，去考虑多数人的意见是无可避免的。但这种轻视青壮年劳动人口的政策持续下去，只会让日本的经济无法走出停滞。当然，这样日本央行也别无选择，只能继续采取宽松政策。特别是从 2022 年以来，如果仅从利率的角度来看，日本以外的其他发达国家都倾向于加息，日元对投资者的吸引力已经下降了许多。而在 2020 年 1 月至 2022 年 6 月这段日本经济增长率尤其低的时期内，日元对美元以名义有效汇率计算贬值了

16%，以实际有效汇率计算则贬值了 25%。在如此短的期间内，日元的价值下降了如此之多，这在日本的经济史上也是罕见的。更何况，日元是 G7 国家的货币中实力最弱的（见第 2 章的图 2-1）。而且，正如第 2 章后专栏①所指出的，日元的贬值并不意味着投资者一定倾向于买入日本股票。如果日元对其他货币的价值持续减少，持有日元就意味着亏损的话，在将来，日本的家庭部门也不得不开始将持有日元计价的资产视为一种风险了。

外汇资产份额已有上升的迹象

就日本家庭部门所拥有的金融资产，让我们来看看具体的数据吧。由于日本人的国民性偏向保守，或是日本民众缺乏金融素养，虽然对此的解释多种多样，但总之多年来日本 95% 以上的个人金融资产都是以日元计价的资产，而其中 50% 以上是现金和存款（不包括外币存款），这些资产几乎不会升值。在 2022 年 3 月末，日本的家庭部门金融资产达到了 2005 万亿日元，与 2000 年 3 月末相比增加了约 600 万亿日元（见表 4-1）。然而，这一增量中的一半以上（340 万亿日元）是以日元计价的现金和存款。而代表风险资产的股票和股权投资，所占比例仅为 10% 左右，这一比例 20 年来几乎没有变化。2014 年，日本政府以"从储蓄转向投资"为目标，大张旗鼓地推出了"小额投资免税计划"。然而这一计划收效甚微。不得不承认，在日本，家庭部门对日元的信任度非常高。

从日本家庭部门对日元的信任度来看，在本书创作时，家庭金融资产还是日元在外汇市场价值的"最后壁垒"。然而，如果我们仔细观察，就已经能够看出一些变化的迹象了。如表 4-1 所示，与 2000 年 3 月末相比，2022 年 3 月末日本家庭部门的外汇资产，无论是外币存款、对外证券投资还是投资信托，其份额都有所增加。按价格计算，外币存款增长到原来的约 1.3 倍，对外证券投资增长到原来的约 4 倍，投资信托增长到原来的约 6 倍。而以日元计价的现金和存款，虽然在比例上依然占到了总额的约 54%，在金额上也增长了 340 万亿日元，但其份额几乎没有变化，只增加了约 1 个百分点。

表 4-1 日本家庭部门的金融资产情况（2000 年 3 月末和 2022 年 3 月末的对比）

	2022年3月末		2000年3月末		差额（2022年3月末较2000年3月末增加记为正，减少记为负）	
	金额（万亿日元）	占比（%）	金额（万亿日元）	占比（%）	金额（万亿日元）	占比（%）
资产总额	2 005.1	100.0	1 401.1	100.0	603.9	
外汇资产	67.6	3.4	13.2	0.9	54.5	2.4
外币存款	7.0	0.4	3.1	0.2	3.9	0.1
对外证券投资	23.5	1.2	4.7	0.3	18.8	0.8
投资信托	37.1	1.9	5.3	0.4	31.8	1.5
日元计价资产	1 937.4	96.6	1 387.9	99.1	549.5	▲ 2.4
现金和存款（不包括外币存款）	1 081.4	53.9	741.6	52.9	339.7	1.0
国债等债券	25.7	1.3	50.6	3.6	▲ 24.9	▲ 2.3
股票等股金	203.9	10.2	138.3	9.9	65.6	0.3
投资信托（不包括外汇投资信托）	58.8	2.9	52.2	3.7	6.6	▲ 0.8
保险与养老金储备金	539.7	26.9	369.9	26.4	169.8	0.5
代扣款等	28.0	1.4	35.3	2.5	▲ 7.3	▲ 1.1

资料来源：日本银行《资金循环统计》。部分数额为笔者估算。

此外，根据笔者的估算，在外汇资产中，外汇投资信托一项所占比例就增加了 1.5 个百分点。不过，考虑到对外证券投资和外币存款所占比例并没有明显增加，与其说日本家庭部门金融资产的变化趋势是"从日元转向外汇"，不如说是"从储蓄转向投资"更为准确。虽然从整体来看，日元计价的现金和存款仍然占日本家庭部门金融资产的绝大部分，但日本家庭部门对海外投资的兴趣确实在逐渐增长。

正如笔者在本书的前 3 章所论述的，无可否认，日本的对外经济部门（经常项目、对外净资产等）正面临着一些结构性变化。虽然外汇市场是一个没有公允价值的市场，在外汇市场上难以确定因果关系，但笔者认为，无论是贸易收支由顺差转为逆差，还是对外直接投资额激增，这些供需方面的变化，与"日元对美元汇率跌破二十年来的最低值""实际有效汇率跌破半个世纪以来的最低值"以及"购买力平价不能回到从前的水平"等事实不无关系。毋庸置疑，与 2000 年，甚至是 2010 年相比，日元计价资产的相关环境已经发生了重大变化。如果今后日元价值的下降反映在物价的上涨，以及其他与家庭部门密切相关的方面，那么日本迄今保持平静的家庭部门也很有可能发生变动。确实，日本的家庭部门一直以来都在资产管理上十分保守。然而，并没有任何理由能让这种保守的倾向永恒不变。

笔者认为，日本的家庭部门对外汇保证金交易（俗称炒外汇）、加密货币交易等更偏向于"投机"的高风险项目有一定的兴趣，绝不是"骨子里的保守"，完全不进行投资活动。在投资方面"沉稳的日本人"很有可能在将来某一天会发生改变。

海外证券投资中卖出的日元

由日元转向外汇的投资倾向，反映了日本的个人投资者更看好其他国家的经济增长，而不愿意押注在本国的经济上。这种倾向在通过投资信托进行的股票投资中已经初见端倪。在 2020 年（或更早）之后，日本兴起了一阵投资美国股票的热潮。2021 年 12 月 28 日的《日本经济新闻》中有一篇报道以"年轻人像消费一样投资"为题,刊登了对日本某家大型在线证券公司社长的采访。[一]笔者认为,日本人投资美股等外国股票是大势所趋,因为这种投资的回报是可以预期的。

　相比之下,日本股票的受欢迎程度则有些"惨不忍睹"。在专栏①中,笔者介绍过一项调查,其结果表明超过 95% 的个人投资者不支持岸田政府。95% 这个数字可能有些夸张了,但日本的家庭部门的确在投资倾向上由日元转向外汇。这种倾向,在通过投资信托基金进行的股票交易趋势上一目了然(见图 4-2)。虽然自 2022 年以来,全球范围内货币政策由宽松转为紧缩,日本人对外国股票的投资因此受到了很大影响,但与此同时,日元也在急剧贬值。因此,许多投资者虽然所投资的股票价格下跌,但股价上的亏损被汇率上的收益抵消了。"股价为汇率所救",这样的经验会让投资者更愿意去投资外汇资产。

　　[一] 《乐天证券社长楠雄治:年轻人像消费一样投资》,《日本经济新闻》,2021 年 12 月 28 日。

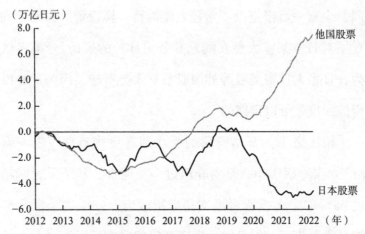

图 4-2 日本投资者通过投资信托基金进行的股票交易
（包括日本股票和其他国家的股票，2012 年 3 月以来的累计总额）

资料来源：日本投资信托协会，统计到 2022 年 6 月末。

　　比起 2000 万亿日元以上的日本家庭金融资产总额，上述变化诚然只是一个零头。但很明显，日本家庭部门的海外投资热潮，可以看作一种前奏，预示着日本的家庭部门将走出对日元计价资产的迷恋。如前文的表 4-1 所示，在 2000 年后不到 1/4 个世纪的时间内，日本家庭部门的投资倾向一直在朝着"外汇"的方向稳步推进。在本书创作时，如果您去日本的一家书店，就一定能看到"经济"分类的书架上，堆满了有关美国股票的书。这在过去的日本可不常见。对外汇资产投资的增加，虽然并不是绝对，但在一定程度上也和对日元的抛售有关。2022 年 6 月 6 日的《日本经济新闻》就有一篇题为《"逃离"日本：日本个人资金飞向外国股票，每年流向海外 8 万亿日元》的报道。而近年来这类新闻报道的不断增多[⊖]，在一定程度上也反映了日本社会的整体倾向。

日元抛售突然加速的可能性

从国际比较的角度来说，日本金融资产的结构也有调整的空间。如图 4-3 所示，即使将美国家庭部门的金融资产中股票近 40% 的占比看作极端情况，在间接金融[⊜]与日

⊖　2022 年 4 月 26 日的《日本经济新闻》中，有一篇题为"家庭部门资本外逃的担忧'坏的日元贬值'激起日元抛售"的报道，文中就"家庭部门的日元抛售"向公众发出了警告。此外，2022 年 6 月 15 日的《日本经济新闻》中也重点关注了"从储蓄转向投资"过程中的日元贬值风险，指出"岸田文雄的'资产所得倍增计划'也存在使日元进一步贬值的风险"。

⊜　间接金融是指货币资金融通通过金融机构作中介的一种资金融通活动。银行存款是一种典型的间接金融形式：投资者将现金存入银行，银行将吸收进来的存款用于投资。此外，保险公司对投资者提供保险单，投资公司对投资者提供股票、债券等，也属于间接金融。——译者注

本一样有重要地位的欧元区，股票的占比也有近 20%。而在日本，股票在金融资产中所占比例不到欧元区的一半。不得不说，日本人在金融上相当保守，现金和存款所占比例超过 50% 的情况在世界范围内也很罕见。[⊖]

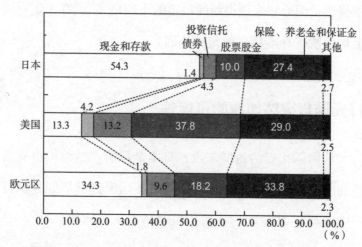

图 4-3　日本、美国与欧元区国家的家庭部门金融资产结构
（2021 年 3 月末）

资料来源：日本银行，美联储，欧洲央行。

正如本文中已多次提到的，自 2020 年 1 月以来的一年半的时间里，日元对美元贬值了 20% 以上。在这种情

⊖ 美国的资金循环统计中不区分本国和海外证券，因此无法比较美国和其他国家家庭部门投资中境内和海外部分所占比例。

况下，一个日本人只要持有以美元计价的资产，哪怕只是美元的存款，汇兑收益就能抵消日元贬值带来的损失，何况美元存款的利率比日元高（当然，汇兑损益在日本被归类为"杂项收入"，需要考虑所得税等问题，因此在收益 / 亏损的具体数字上需要做调整）。虽然多数日本人将日元的活期或定期存款视作"安全资产"的典型，但从防御风险的角度来看，2019 年后投资日元很难说是明智的选择。

当然，日本民众的资产绝大多数都是以日元计价的，他们也不会将外汇资产作为基准来判断自己所持有的资产的价值。然而，随着"日本廉价化"的趋势不断加剧，大众媒体和街谈巷议中也会更加频繁地提及"日本廉价化"。届时，即使是普通的日本人，也会倾向于增加投资和消费，而不是把钱存起来。本书第 2 章介绍了日本央行发布的《展望报告》，该报告表明日本的进口渗透率（进口占国内总供给的比率）正在上升，而这就意味着日元越是贬值（以及原材料价格越高），日本人就越有可能支出更多。

事实上，受日元贬值和原材料价格上涨的双重影响，2022 年以来日本人日常生活中所需的多种商品，其价格也发生了明显的上涨。比如，由于食用油和面粉价格上涨，加工食品的价格也随之上涨；包装材料、容器和物流成本的提高也导致了酒和各种饮料价格的上涨。虽说原材料价格的上涨是这些商品价格上涨的直接原因，但日元的贬值也无疑加大了涨幅。由于日本的家庭部门普遍没有进行分散投资，在物价上涨的背景下，他们不得不取出更多的钱来满足基本的生活消费需要。日本是资源的净进口国，只要日本在全球的经济体系内，这种情况（在经济学上称为"国际贸易损失的增加"）是不可避免的。如果将来日本的国际贸易损失进一步扩大，日本的普通民众也都会意识到，日元的活期和定期存款其实并不安全。

在本书创作时，日本还没有出现家庭部门的资本外逃。但是，事实已经表明，家庭部门资本外逃的迹象已经在日本出现，至少我们应该要敲响警钟了。正如笔者在前文中多次论述的，各种客观条件已开始出现，让人能够感受到日元市场将要发生结构性的变化。

在日本，一旦大家都往一个特定的方向前进，整个日本社会都会被一种"氛围感"所支配。在这种"氛围感"

下，事情的发展往往会十分迅速。在资金流量中，即使家庭部门的现金和存款（不包括外币存款）只有10%的变动，也会导致100万亿规模的日元抛售。100万亿日元相当于本书创作时日本五六年的经常项目顺差之和（在本书创作之前的 2017 ～ 2021 年，日本经常项目顺差的年平均值约为18万亿日元）。如今在日本，个人也能很轻松地进行外汇投资。不像过去必须在银行柜台支付高额手续费以购买外币，现在只需要一部智能手机，日本的个人投资者就可以随时投资各种外汇资产。前述在线证券公司社长说用户"像消费一样投资"，就是基于如今便利的外汇投资环境。当年轻一代开始取代保守的老一代人时，日本家庭部门的投资意愿将会与现在完全不同。

虽说在日本，人们往往不会在"氛围感"形成之前轻举妄动，但随着日元的贬值，当"持有日元就是风险和亏损"的"氛围感"充斥了报纸、电视、杂志等媒体，在整个日本社会蔓延时，日本的家庭部门也会抛售日元，日元的贬值极有可能更进一步。俄乌冲突爆发后的俄罗斯，欧债危机爆发后的希腊，以及一些其他国家，已经发生过这种情况。而日元下行的真正风险，也在于家庭部门的日元抛售。

再往后看，如果日本的家庭部门普遍开始抛售日元了，那么对外汇购买的限制性政策（资本控制）就会提上日本政府的议程。不难想象，理性的家庭部门对此会有什么反应。如果有人在座无虚席的电影院里大喊一声"失火了"，这无疑会引起恐慌。此时观众将会冲向出口，造成极度的混乱。如果日本将要采取资本控制，日本的家庭部门也会产生类似的恐慌情绪。届时，急于抛售日元的行为将导致外汇市场的混乱。如果像过去一样，人们认为日元的贬值是日本经济复苏的关键，那么日元抛售和资本控制就不成为问题，但如今已经感受不到过去那样的气氛了。

"资产所得倍增计划"的危险性

有关上文提到的家庭金融资产管理的趋势，2022年5月起，日本政界陆续发出了许多令人不安的消息。5月5日，岸田文雄在访问英国期间，于伦敦的金融中心"伦敦金融城"发表演讲。演讲中岸田文雄宣布, 作为岸田政府"新资本主义"经济政策的一项具体措施, 他将启动一项"资产所得倍增计划", 鼓励日本民众将个人的金融资产由储蓄转为投资, 预期总规模为 2000 万亿日元。据报道, 岸田文雄在访英期间, 还提出了"投资岸田"的口号。

岸田文雄称, 由于日本个人金融资产的一半以上都是现金和存款, "在过去 10 年内, 美国家庭部门的金融资产增长到原来的 2 倍, 英国增长到原来的 1.3 倍, 而日本只增长了 40%"。对此, 岸田还称"日本有很大的潜力"。岸田的这番表态是在显示日本可用于投资的资产规模之大。在岸田政府之前, 日本政府就已经多次打出"由储蓄转为投资"的口号了。而日本政府之所以会多次拿出这一口号来, 就是因为它每次都没有达到预期的效果。这一点可以从前文的表 4-1 和图 4-3 中看出。

正如笔者在专栏①中所论述的, 岸田文雄在伦敦金融城呼吁投资的演讲是很令人意外的。岸田文雄一上任就引入了金融所得税制度, 这一举动受到了股票市场的强烈批评。因此, 当岸田文雄一反上任之初的形象, 呼吁投资时，许多市场主体都会去想，岸田政府会不会转而采取一些对金融市场有利的政策。然而，除了征收金融所得税之外，岸田政府限制股票回购、取消季度披露、主张增加工资而不是股东回报等举措，都是与市场对立的，招致了市场的反感。因此，岸田政府在坚持原有方针不变的情况下，呼吁"投资岸田"，这让人很难理解他的意图。

在本书创作时，有关"资产所得倍增计划"的信息仍然模糊不清。不过，在2022年5月31日，日本政府宣布了"新资本主义"的实施计划草案。草案中包括自民党经济增长战略本部的建议，要让全体日本人作为"一亿总股东"[⊖]享受经济发展的红利。这一建议可能就反映了岸田政府的意图。

⊖ 日本的人口在第二次世界大战（简称"二战"）后随着婴儿潮开始快速增长，于20世纪70年代初突破一亿，之后增长放缓，并在近年来趋于减少，如今的日本人口约为1.2亿人。由于日本的人口在一亿上下变动，所以日本常用"一亿总××"来形容与日本国民整体有关的事物，文中的"一亿总股东"就是一例。其他有名的说法包括20世纪60年代开始出现的"一亿总中流"，用于形容九成左右的日本国民都自认为是中产阶级。——译者注

在日本推进"由储蓄转为投资"的危险性

然而，读到这里的读者可能已经发现，如今的日本政府将现金和存款视为投资的来源，称作投资的"潜力"，这是相当危险的想法。就这一想法的危险性，我想从两个角度来进行论述：一是前面提过的对外汇市场（日元汇率）的影响，二是对国债（日元利率）的影响。后者和前者一样，都和日本民众的生活有着密切的关联。

在汇率方面，笔者在前文已有论述：如果"由储蓄转为投资"的政策真正奏效了，日元的贬值只会更进一步，而这显然不是日本政府和自民党想要看到的。岸田文雄在伦敦金融城发表此番言论时，日元的贬值还没有放缓的趋势，因此岸田的说法十分令人担忧。认为"家庭部门的日元抛售"是最大的风险之一，也是出于此原因。正如岸田文雄所说，日本人超过 50% 的个人金融资产都是以日元计价的现金和存款，其金额如前所述，在 2022 年 3 月底约为 1080 万亿日元（不包括外币存款），约占个人金融资产总额的 54%。与之相比，股票股金的投资约为 204 万亿日元，只占总额的 10.2% 左右。日本家庭金融资产的结构常常被当作一个问题被提及，各位读者可能也看过或听说过这个数据，或是"现金和存款占半数，股票投资只占一成"的说法。日本的政策制定者希望日本人的现金和存款能够转移到预期收益更高的风险资产中，这种想法笔者也可以理解。

然而，正如笔者在前文所论述的，即使日本人将更多的个人金融资产用于投资，也不一定是投资日元计价的资产。本章中的图 4-2 就反映了日本投资者通过投资信托进行股票交易的情况，参考图 4-2，就很容易理解这一点。笔者也在本书中反复强调：采取严格的入境限制，将重启核电站视为禁忌话题……这样的政策在 2020 ～ 2021 年已经让日本完全成为一个"放弃经济增长"的国家。这一点也可以从本章开头的图 4-1 中看出。

日本股票市场疲软，日元汇率走低，其原因在于日本如今孱弱的经济实力——如今这种论调在日本已经不稀奇了。但不得不说，在今后日本面临又一场危机时，日本政府所采取的政策仍然很有可能十分保守（甚至最优先考虑老年人）。因此，今后日本的家庭部门自然也会做相应的准备，以应对日元的不断贬值。

　　岸田文雄在伦敦金融城发表演讲后不久（2022 年 5 月 7 日），美国特斯拉的 CEO 埃隆·马斯克就在社交网站上发文，预言日本将要"消失"。马斯克称："（日本的'消失'）这是理所当然的。只要日本的出生率低于死亡率，长此以往日本终将不复存在。"马斯克的此番言论引起了热议。正如马斯克所指出的，人口结构是蒙在日本社会上的一层阴影："大量的老龄人口将在社会中产生一种停滞感，因为事实就是大多数老年人不会改变他们的思维方式。"就日本的社会、经济，与马斯克持相同意见的人应该还有很多。这种对日本未来消极的看法，与岸田政府上台后外国投资者纷纷回避日本股票存在联系（见第 2 章的图 2-4）。在日本之外，全球经济中还存在无数投资的机会，有很多盈利的前景。因此，投资者当然没有理由选择"自我放弃增长"的日本。

　　回到正题，在这种情况下，如果日本的家庭部门被迫"由储蓄转为投资"，他们会如日本政府所愿，投资日元计价的资产，将自己的财产押注于日本的未来之上吗？笔者认为，这个问题是日本的政策制定者需要扪心自问的。鼓励日本人在现金和存款之外投资别的东西，笔者认为这一点并没有问题。可是，如果日本政府刺激的投资，其对象是以外币计价的资产，而不是以日元计价的资产，这种投资只会加速日元贬值。在日本，已经有越来越多的声音指出日元贬值的弊端，此时日本政府和自民党为什么还要主张"由储蓄转为投资"呢？他们真的不认为这种主张是有问题的吗？如果日本政府和执政党愿意将"由储蓄转为投资"带来的不利影响视作发展过程中不可避免而需要承受的风险，那么也有必要设计相应的制度，让日本人更倾向于选择日元计价的资产，而不是外汇资产作为他们投资的对象。

将现金和存款称作"休眠中的资产"的危险性

在汇率之外，"资产所得倍增计划"的另一个令人不安之处就是对日本国债，更为具体来说是对日元利率的影响。日本经济"由储蓄转为投资"面临的主要调整就包括如何评估日本国债原本稳定的结构被打破的可能性。考察日本近几十年的经济史，日本政府反复打出的"由储蓄转为投资"这一口号，其背后的想法是，日本经济长期停滞的原因在于日本人的过度储蓄和投资不足。日本政府常常把现金和存款称作"死钱"，或者委婉一些，从资产持有的形式上，把现金和存款描述为"休眠中的资产"。

但日本政府的这种思维方式颠倒了因果关系。家庭部门是理性的经济主体，正是因为日本经济不景气，他们才选择了日元计价的现金和存款作为主要资产形式，因为这种形式的资产风险最小。在日本转为浮动汇率制后，日元的历史就是升值的历史，以日元计价的现金和存款相对于外汇一直是"获胜"的一方。但如果外汇和外国股票被认为是更有前途的投资机会，即使没有政府的支持，家庭部门也会纷纷选择外汇和外国股票作为投资对象。今年日本人对美国股票的投资热就很能说明这一点。日本企业也是如此。正如我们所看到的，自 2011 年、2012 年起，日本企业以直接投资为主要形式，在海外的投资活动愈发活跃。过度储蓄可能在一定程度上是因为日本人保守的国民性，但并不是说日本人就完全没有能力做出理性的判断。

为了理解在日本如今的经济形势下，政府推进"由储蓄转为投资"的危险性，我们有必要了解日本经济中的储蓄—投资结构。笔者将在下文中逐步进行说明。

首先，受日本经济低迷的预期影响，日本的家庭部门（以及企业部门）为抵御风险，会减少投资，增加现金和储蓄在资产中的比例。保存在银行部门里的现金和存款，如果没人使用的话，就会成为字面意义上的"死钱"。但实际上，家庭部门和企业部门的存款并不是无人使用的，日本的政府部门就向银行借款，用于消费和投资，日本经济的资本循环结构就是如此形成的。严格来说，即使考虑到政府部门的因素，日本国民经济整体上仍然存在过度储蓄。因此，还要让日本的国外部门储蓄不足$^{\ominus}$（可以近似理解为经常项目的顺差），以平衡日本的储蓄和投资。

日本家庭部门和企业部门的过度储蓄，已经成为日本

$\ominus$　国外部门指将与一国经济发生联系的所有外国看作国民经济的一个部门。国外部门和家庭部门、政府部门、企业部门构成了四部门经济。——译者注

经济困境的一个公认的象征（见图 4-4）。附带说一句，在雷曼事件和欧债危机之后，欧元区也出现了和日本类似的情况，尽管程度不同。这就是国际金融市场上说的"欧洲的日本化"的原因。

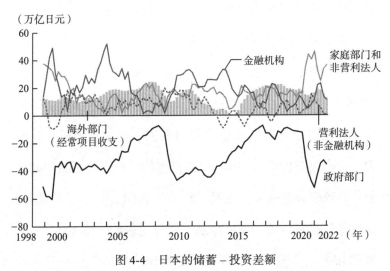

图 4-4　日本的储蓄 – 投资差额

资料来源：Macrobond，使用四季度平均值。

注：正值表示储蓄大于投资，负值表示投资大于储蓄。

日本人不存钱了，谁来买日本国债

经常看到有人批评说，银行应有的作用是提供贷款，但日本的银行却只去投资日本国债。这种观点是错误的，持这种观点的人对资金流量缺乏正确的理解。银行部门的本质功能并不是借钱，而是"平衡经济中资金的过剩和不足"。更具体地说，银行部门的功能是让资金从"资金过剩的经济主体"流向"资金不足的经济主体"。

在日本的泡沫经济崩溃后，日本央行部门对国债的投资额增加，而贷款额并没有增加，其原因就在于银行的"平衡经济中资金的过剩和不足"这一作用：泡沫经济崩溃后，日本的家庭部门和企业部门失去了许多投资机会，成为"资金过剩的经济主体"；而日本的政府部门则被迫调动公共财政来弥补损失，成为"资金不足的经济主体"。此时，银行通过投资国债，使资金从"资金过剩的经济主体"——家庭和企业，流向了"资金不足的经济主体"——日本政府。如上所述，当日本经济整体处于低迷中时，日本的银行部门在"平衡资金的过剩和不足"上发挥了很大作用。

总而言之，日本至今为止都未能成功"由储蓄转为投资"，其原因在于客观的经济条件不允许日本人这么做。资金流量是资金流动的客观结果，它以银行部门为要点，反映了一个国家的经济实力。而日本政府的"资产所得倍增计划"（以及其他促进投资的政策），则是想要强行改变这一客观结果。

回到政府债务消化的问题上。如果日本政府这样的政策真正奏效了，日本人确实"由储蓄转为投资"了，日本政府将会面临一个严重的问题：政府债务消化的问题。被日本政府称为"休眠中的资产"的现金和存款，它们原本存放于日本的银行部门，银行部门用它们购买日本国债。如果这些"休眠"中的资产"苏醒"了，开始用于股票等风险资产的投资，那么该由谁来购买国债呢？剩下的选项或许只有海外投资者了。但海外投资者应该不会去购买日本的国债，因为日本央行和日本本国的银行即使在低利率下也会购买日本政府发行的债券，但海外投资者并不会去投资收益如此低的债券。如果要投资日本国债，海外投资者必然会要求更高的利率。

无论是好是坏，日本的国债由日本央行、银行和政府共同消化的结构是不容更改的。如果想要人为破坏这一结构，就必须要考虑到可能发生的后果。如果日本政府试图通过"资产所得倍增计划"这一国家性政策来打破现状，就会带来国债价格下跌（日元利率上升）的副作用，这又该如何解决？如果国债利率上升，就会直接导致住宅贷款利率上升，而后者恐怕就是政治上的问题了。

尽管"由储蓄转为投资"的口号看似很积极，但我们必须记住，无论是汇率还是利率，日本经济的秩序之所以能够维持，一部分原因就在于，日本家庭部门持有的大量金融资产中，绝大部分都投入了储蓄（保守的投资）。在日本，日元走高和低利率长期以来都被认为是理所当然的，我们可能很难意识到，一旦这种趋势逆转了，其后果会有多么严重。因此，笔者建议，在推动"由储蓄转为投资"之前，最好先进行谨慎的风险管理。

---------- 专栏③ ----------

"通货再膨胀政策的终结？"：论黑田东彦的发言

黑田东彦那番饱受争议的言论

笔者无意在本书中议论货币政策的对错。在日本，许多人都希望对货币政策的方向有发言权，即使他们不是这方面的专业人士。一旦有人对日本货币政策展开讨论，往往会引起激烈的争论，而笔者并不想卷入其中。

但即使是从客观的角度来看，2013 年 4 月以来一直以"安倍经济学"的名义继续实施的通货再膨胀政策，在2022 年 6 月已经迎来了一个重大的转折点。就这一点，笔者常常收到有关的咨询，所以笔者想借创作本书的机会，介绍一下笔者对相关情况的基本理解。

2022 年 6 月 6 日，日本央行行长黑田东彦在东京的一次演讲中，提到了日本商品和服务价格的上涨。黑田东彦称，"日本的家庭部门对物价上涨的容忍程度也在提高"，并说这是实现物价持续上涨的"重要变化"。此番言论发表后，在当天就被日本的《产经新闻》所报道，题为"日本央行行长称'日本家庭部门接受物价上涨'"。该报道一出，舆论一片哗然，日本的大小媒体都对黑田东彦的言论进行了激烈的批判。在日本，央行成为舆论的风口浪尖是很罕见的事态，过去虽然也发生过丑闻，但只有1998年日本央行营业部的腐败案件，以及2006年日本央行前行长福井俊彦的村上基金投资案两件。

然而，黑田东彦的这次演讲可不是什么"丑闻"，黑田东彦的发言稿是秘书处早就准备好的。因此，黑田东彦这次可不是"失言"，而完全是由于缺乏政治上的考虑（说得更直接一些，就是无视了民意）。在发表这番言论后，舆论不断发酵，日本民众甚至开始对黑田东彦本人进行人身攻击。坦率地说，这次的仇恨能够发展到如此程度，完全出乎了笔者的预料。

黑田东彦的发言稿是秘书处准备好的，黑田东彦的言论本身也与日本政府的政策立场一致。自2013年以来，日本央行以"安倍经济学"为名义一直实行的通货再膨胀政策，其目的在于通过扩张性的财政政策和货币政策，消除日本的企业和家庭部门（尤其是家庭部门）持续的通缩心态，以提高通胀的预期。日本央行这种政策的目标，正是让日本成为一个物价上涨常态化的社会。日本央行认为，物价的上涨可以提高工资水平，促使日本经济复苏。但是，包括笔者在内的许多评论人士，都对日本央行的这种想法表示怀疑：以物价上涨促进经济复苏，显然犯了因果颠倒的错误。不过，在 9 年前的当时（2013 年），日本的政策制定者在狂热的民意下，不仅支持这种站不住脚的观点，还积极推进它的实施。

2022 年，全球对通货膨胀的担忧不断高涨，各国的中央银行都在采取紧缩的政策。与之相对，日本央行仍在坚持货币宽松政策，无限制购入日本国债，压低长期利率，而不考虑日元贬值的危险性。但无论黑田东彦和日本央行政策的功过如何，从 2013 年以来，政策本身自始至终都是一致的。如果将日本央行行长的言论看作日本央行政策的延伸，那么黑田东彦的此番发言也并不令人惊讶。

"日本的家庭部门对物价上涨的容忍程度也在提高"这句话，或许包含日本正在摆脱长期的通货紧缩，开始通货膨胀的意思。而刊登在报纸上时，报道标题上写的由"容忍程度提高"变成"接受物价上涨"，这才引起了公众舆论的强烈不满，以及报纸、电视、杂志等媒体对黑田东彦的激烈批判。说实话，笔者认为这种批判有些过于"咬文嚼字"，并不具有建设性。

但无论如何，这场骚动展示了物价上涨在日本是多么令人不可接受的。具有讽刺意味的是，通货再膨胀政策在2013年提出之初，受到了狂热的追捧，当时安倍晋三刚从日本民主党手中接过政权；而如今通货再膨胀政策实施快到一半时，反而受到了公众的猛烈抨击。这场2022年的骚动，似乎意味着自2013年以来日本的通货再膨胀政策实质上已经结束了。

不是"接受"而是"放弃"

黑田东彦在6月7日的参议院财政金融委员会会议上，表示撤回他那番饱受争议的发言："我不是说家庭部门会自愿接受物价上涨。我先前的言论招致了诸多误解，我在此深表歉意。"的确，黑田东彦的那番言论，虽然表达的意思可能和之前的政策是一致的，但在措辞上确实很令人不快。

黑田东彦的"问题发言"是基于东京大学教授渡边努在 2022 年 4 月的一项调查。该调查是向受访者询问"如果你常去的一家商店，其商品涨价 10%，你是否接受"，其结果是半数以上的受访者都表示"可以接受涨价，在该商店照常购买商品"。然而，这项调查与其是在说消费者"接受"涨价，倒不如说是消费者在涨价的现实面前"放弃挣扎"。该调查实施时，日本的 CPI 正如图 4-5 所示（图 4-5 的数据统计截至 2022 年 5 月），整个日本社会的一般物价

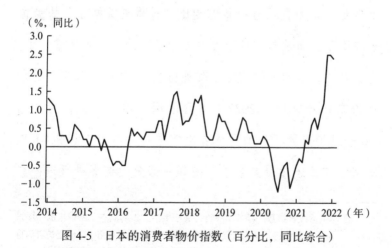

图 4-5　日本的消费者物价指数（百分比，同比综合）

资料来源：Bloomberg。

都在上涨。在这种情况下，即使不去"常去的商店"，不买"常买的商品"，消费者也逃避不了涨价的现实：家庭部门为了生存，必须继续消费和投资。日本社会不允许日本人"因不接受涨价而不进行消费和投资"。黑田东彦的那番言论，可能是缺少对日本社会现实中这种情况的考虑。

在其发言前，除了那位大学教授的调查，黑田东彦本可以参考"关于生活意识的调查"，该调查是由日本央行自己实施的，每季度发布一次。黑田东彦发表那番言论时，2022 年 4 月的"关于生活意识的调查"已经公布。调查结果显示，认为自己与一年前相比"过得更宽裕了"的受访者减少了，而认为"日子过得更紧了"的受访者则增多了。也就是说，日本人的"生活改善指数"⊖明显下降了。而在黑田东彦发言后的 2022 年 6 月的调查结果中，认为自己"日子过得更紧了"的受访者比例进一步增加（见图 4-6）。对回答"日子过得更紧了"的那一部分受访者进行进一步

⊖ "生活改善指数"是日本央行"关于生活意识的调查"所得出的一项指标，其数值等于认为自己与一年前相比"过得更宽裕了"的受访者的百分比，减去认为"日子过得更紧了"的受访者的百分比得到的差。——译者注

调查，问及原因时，大多数受访者都表示 "因为物价上涨了"（78.6%）。这个比例远超回答人数第二多的答案 "因为工资等收入减少了"（49.7%）。此外，在认为与一年前相比日本物价上涨了的受访者中，有 82.9% 的人都表示自己现在的生活比一年前 "更困难"。

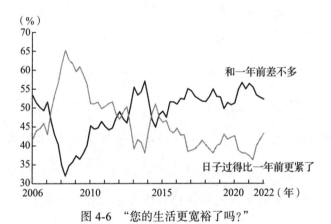

图 4-6　"您的生活更宽裕了吗？"

资料来源：日本银行的问卷调查 "关于生活意识的调查"（最新一期发布于 2022 年 6 月）。

总的来说，"关于生活意识的调查" 反映了大多数日本人都切身感受到了日本的物价上涨，感觉自己的生活不如从前宽裕，也并不认为物价上涨是好事。即使黑田东彦的那番发言的真实意图和公众所理解的不同，一旦 "民众接受物价上涨"的标题写到了报纸上，引起一场舆论的风波就是不可避免的了。历届日本央行行长的讲话稿，都是斟酌字句、不留破绽的。由此来看，黑田东彦这次的发言显然是有欠考虑的。

黑田东彦的此番言论，也反映出日本央行等相关部门，对于日本家庭部门和企业部门的收入情况缺乏认识，前者完全不了解后者如今所处的收入环境有多么恶劣。回顾第3章后的专栏②中有关国内总收入（GDI）的论述，我们能更好地了解这一点：由于日本向海外的收入流出（贸易损失）增多，日本实际GDI的走势居于实际GDP之下，这自然表明日本的物价在上涨，实际收入环境正在恶化。2022年以来日本所热议的"坏的日元贬值"问题，归根结底是在说日本家庭部门的成本负担问题。因此，本质问题不在于日元贬值是"好的"或是"坏的"，而是日本大众的实际收入情况是在改善还是在恶化。在这个意义上，日元贬值更倾向于"坏的"，因为日元的贬值抬高了日本的进口商品价格，扩大了贸易损失。

当然，日元贬值也有"好的"一面，因为日元的贬值增加了企业的利润，特别是对日本的大型企业和出口企业而言。然而，从经济主体的数量来看，认为日元贬值是"好事"的经济主体，远远不如认为是"坏事"的多。因此，日本社会对日元贬值和物价上涨，在大多数情况下抱有一种悲观的情绪。而黑田东彦之所以会发表争议性言论，就是因为没能"读懂"这种弥漫在日本社会中的悲观情绪。通过介绍这场骚动的来龙去脉，我们对于"日本社会对物价上涨的厌恶"和"日本央行的货币政策"这两点有了更为深入的了解。毫无疑问，曾经狂热支持通货再膨胀政策的日本社会如今已发生了转变。当然，这并不意味着日本就应该采取紧缩的货币政策。笔者只是认为，日本社会长期以来认为日元贬值是万能的"灵丹妙药"，而如今这种观念已经发生了重大转变，那么日本的货币政策也应该有所改变了。

因达不到目的而受支持的通货再膨胀政策

在争议发言的约一周后，黑田东彦又在 2022 年 6 月 13 日的日本众议院结算委员会会议上表示，日元的大幅贬值对日本经济来说是"不可取的"。先不论其说法是否正确，黑田东彦在这么短的时间内突然改口，就已经是一个问题了。

虽然"日元的大幅贬值是不可取的"现在是众所周知的事实，但在 2013 年日元也同样处于贬值中时，日本央行并没有指出这一点。当时刚出任日本央行行长的黑田东彦，正打着"安倍经济学"的旗号"华丽亮相"。为什么当时日本央行没有意识到日元大幅贬值存在的问题呢？其原因在于，当时日本以 CPI 为代表的一般物价并没有大幅上涨，公众也感受不到日元贬值带来的消极影响（贸易损失扩大）。虽然在统计上，当时的贸易损失也在扩大，但当时并没有出现全球性的原材料价格上涨和商品、服务的供应限制，因此在幅度上不如 2022 年的大。彼时全球经济形势较好，日本企业盈利增长，股价也在上涨。虽然当时日本央行采取了货币宽松和低利率的政策，但只要日元贬值的同时物价不上涨，日本民众就自然没有理由去反对日本央行的政策。

因此，结论十分具有讽刺性：正是因为通货再膨胀政策的目的——物价上涨，在政策实施的 9 年间都没有达成，因此日本民众才一直支持这一政策。然而，从 2022 年（或更准确地说，2021 年秋季）开始，世界范围内原材料的价格开始高涨。此时，日本这样一个资源净进口国的民众，自然无法继续容忍日元的贬值。可以说，正是原材料价格的高涨，才让人们意识到通货再膨胀政策的错误。黑田东彦在 2022 年 6 月 13 日的发言，只不过是以官方的立场，对早已周知的事实再次确认。

感受不到"痛苦指数"的日本

上述黑田东彦"接受物价上涨"的发言能够引起轩然大波，就说明了日本是一个对物价上涨"过敏"的国家。事实上，像日本这样没有"习惯于"物价上涨的国家很少见。

在评价实体经济时，有一个叫作"痛苦指数（Misery Index）"的指数，由通胀率（这里使用 CPI 来表示）与失业率加总得来。一国的痛苦指数越高，则表示该国国民贫困程度越高，国民在经济上所承受的痛苦越大。考察日本自

20 世纪 70 年代至今的痛苦指数，会发现从 20 世纪 80 年代末开始，日本的痛苦指数几乎没有波动。除了日本式就业带来的低失业率外，日本的 CPI 从 20 世纪 90 年代后期起就停止上升，因此日本的痛苦指数被压到了极低的水平。各位读者可能都想象不到，日本的痛苦指数能够稳定在低位如此之久。日本人正是在完全感受不到痛苦指数的情况下，享受了如此长时间的稳定。

当然，在那个 CPI 没有上升的时代，日本人的工资也没有提高，那个时代也因此被称为"失去的"时代。所以，痛苦指数并不能涵盖所有的"痛苦"。不过，与日本相比，当时美国痛苦指数的波动明显比日本要大（见图 4-7）——这反映出当时美国的经济正不断产生大批穷人。笔者不能断言日本和美国这两个国家中哪个国家的情况更好，但 2022 年后发生的事情至少表明，日本人对物价飙升的"忍耐力"不如美国人。黑田东彦的"接受物价上涨"的发言能够引起争议，就反映了日本人对物价上涨"习惯"程度极低。

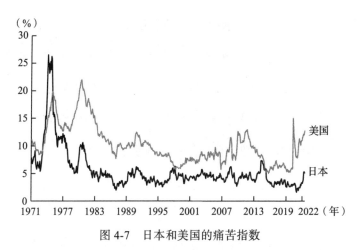

图 4-7　日本和美国的痛苦指数

资料来源：Macrobond，CPI（综合）与失业率的加总。

其实从 9 年前的 2013 年开始，日本央行就一直强调，通货再膨胀政策的要点，就是通过"适应性预期（Adaptive Expectation）"来实现日本物价的上涨。"适应性预期"这个术语的含义与其字面意思一样，是指对物价的上涨形成预期，适应物价上涨，也就是"接受物价上涨"的意思。9 年间，日本央行一直强调"在预期上下功夫"，就是在解释这一点。但从日本央行行长的发言引起的骚动来看，日本央行的通货再膨胀政策的真实含义并没有成功传达给日本民众。

"通缩"的模糊定义

笔者常常感到，在日本，尽管人们都被告知"通缩是不好的"，但"通缩"的定义一直很模糊。CPI 的上升会推高上一节所说的痛苦指数，但在日本，"安倍经济学"的目的就是要终止"CPI 停止上升"的现状，而"CPI 停止上升"则被概括为"通缩"。然而，如果仔细想想，我们就会发现通货紧缩的定义会因为经济主体的不同而不同。

对于日本政府和央行来说，通缩确实体现在"涨不上去的物价"上，其象征就是 CPI 的走势。但是，对日本的企业部门来说，比起"涨不上去的物价"，通缩更多体现在长期的"日元的慢性升值"上；对于日本的家庭部门来说，他们更关心"涨不上去的实际工资"。而海外部门对于日本通缩的定义，笔者认为，则在于"涨不上去的日本股票"。由于不同经济主体对问题认识的不同，把日本经济的不景气全都归咎于"CPI 涨不上去"，是一种欠考虑的想法。日本政府和央行把日本经济和金融形势的恶化笼统地称为"通缩"，并实施大规模的货币宽松政策。对于这种做法，虽然日本的家庭部门因为日元贬值和股价上涨而没有表示反对，但并不是说他们就理解了"CPI 上涨（痛苦指数也随之上涨）"的真正含义，发自内心支持这种政策的日本国民应该并不多。绝大多数的日本国民关心的是自己的工资，而不是日本 CPI。即使 CPI 上涨，如果名义工资不上涨，他们最关心的实际工资也不会上涨。

正如前文中已经提到的，笔者认为黑田东彦的那番言论之所以会引起骚动，就是因为日本央行"以物价为因，以经济为果"的因果倒置的通货再膨胀思想，已经迎来了它的终结。但是，也可以暂且不说"通货再膨胀思想是错误的"，而说它在当前的情况下"不适合日本人"。当然，笔者并不是要赞同通货再膨胀思想，但考虑到日本通缩思想的根深蒂固，首先引起物价上涨，以期形成"适应性预期"，这种想法在很大程度上也有其合理性。然而，在日本社会中，一个公司每次涨价都得公开宣布并向消费者道歉，要促进"适应性预期"的形成还是很困难的。这一点可能是日本社会在过去 9 年中得到的一个结论。

·· 专栏④ ··

由"安倍经济学"所想到的：在安倍遇刺之后

围绕通货再膨胀政策的议论

2022 年 7 月 8 日，就在本书即将完成时，日本前首相安倍晋三在日本参议院的竞选活动中被枪杀。这场枪杀案，可以称得上日本历史上最恶劣的案件之一。与前几届日本政府相比，2012 年 12 月上台的第二届安倍政府，与日本金融市场的关系显得比较特殊。专栏③所讨论的日本央行的货币政策，基本上就是安倍政府政策思想的体现。

第二届安倍政府是日本自实行内阁制以来任期最长的一届政府。安倍政府在日本的各个领域都留下了自己的印记，尤其是在经济上，即使与金融市场没有特别联系的普通日本人，也可能听说过安倍晋三倡导的经济政策——"安倍经济学"。虽然随后也出现过"菅氏经济学""岸田经济学"等说法，但它们都没有像"安倍经济学"一样固定下来，让人们意识到其特殊性。⊖而众所周知，日本央行

⊖ 2020 年 8 月 23 日安倍晋三辞职后，菅义伟接任首相。2021 年 9 月 3 日，菅义伟卸任首相，岸田文雄当选首相。——译者注

的"黑田体制"也是"安倍经济学"的产物。如果没有中途辞职的话，黑田东彦将成为日本历史上第一位任满两届（10 年）的日本央行行长。

把物价上涨放在首位的通货再膨胀政策虽说褒贬不一，但正如前文所述，这一政策似乎已在 2022 年结束。不过，尽管通货再膨胀政策在事实上已经结束，但无可否认，第二届安倍政府不仅在内政和外交上，也在金融上留下了浓墨重彩的一笔。"安倍经济学"政策本身就以日元的贬值为特征，安倍遇刺之后也经常有人要求笔者对安倍经济学进行总结，因此，在本书中，笔者也将对此做简要的论述。

先说结论，并不能认为在安倍晋三去世后，通货再膨胀政策受到了清算。自 2022 年初春以来，日本的公众舆论就已经对日元的贬值和高涨的物价愈发感到不满了。因此，在 2022 年 7 月 8 日安倍晋三去世之前，通货再膨胀政策在事实上已经结束了。这正如我们在专栏③中所论述过的。

笔者已经不止一次指出，将物价上涨作为"原因"，将经济复苏作为"结果"，这样的通货再膨胀政策之所以得到支持，只是因为日本物价上涨的目标实际上并没有达成。

自 2022 年以来，日本的物价终于明显地上涨了，这时日本央行行长说"民众接受物价上涨"，就遭到了抨击。而且，物价上涨已经让日本民众对日本政府的不满情绪开始高涨。因此，在安倍晋三去世前，通货再膨胀政策已名存实亡了。

也有一些观点认为，安倍遇刺事件让岸田政府难以告别"安倍经济学"。虽然这种观点在情绪上可以理解，但在谈论政治时，我们不能脱离日本物价的上涨和日本民众高涨的不满情绪。日元的贬值和原材料价格的高涨，对日本国民的生活直接造成了冲击。这时，无论日本政坛上谁在执政，都必须对此采取行动。在本书创作时，日本的金融市场几乎一致认为，接任黑田东彦的下一任日本央行行长，会与通货再膨胀政策保持一定的距离。

无论如何，日本的经济政策未来将长期处于"展望通货再膨胀理念之后的趋势"的阶段。我们不应认为，安倍晋三的去世与通货再膨胀理念的终结之间存在因果关系。

"安倍经济学"的功绩

当然，虽然对"安倍经济学"存在诸多批评，但也不能说"安倍经济学"的通货再膨胀政策完全没有意义。在日本民主党执政时期，日元汇率高涨，日本股价跌至谷底。而"安倍经济学"的政策实行后，这一点彻底改变了。当然，即使没有"安倍经济学"，当时处于超高位的日元汇率也很可能自然回落。2012～2013年正好是欧债危机结束和美联储正常化进程开始的时期。而且，最重要的是，如第1章的图1-6所示，当时也是日本贸易顺差开始消失的时期。

然而，不可否认的是，日本自民党取代日本民主党执政后，安倍晋三大张旗鼓地推行通货再膨胀政策，由此导致了大幅度的日元贬值和股价上涨。对于被认为处在衰退中的日本经济来说，这有助于增加海外投资者对日本的兴趣。从笔者的工作经历来看，2013～2015年，笔者也有许多面向海外的说明机会，而且访问了很多国家。这也是当时世界上许多人都认为日本金融市场开始发生变化的原因。

当安倍晋三遇刺的消息传出后，世界上许多国家和地区的领导人都表示了慰问。其原因可能部分就在于许多国家对日本的"安倍经济学"记忆犹新，并给予了积极的评价（当然，对安倍晋三的正面评价也很可能是在外交上的）。毫无疑问，至少在2012～2015年，日本是全球金融市场上最受关注的国家之一，甚至有一种观点，认为日本当时在全球经济市场上已不再处于相对低下的地位。

但是，"安倍经济学"的"三支箭"政策（涵盖货币政策、财政政策和结构性改革）并没有延伸到劳动力市场改革上，而劳动力市场改革才是关键点。也正因如此，日本长期面临的名义工资亟待提高的问题也没有得到解决。2016年起，以货币宽松为标志的"安倍经济学"逐渐陷入停滞；同年9月，日本央行为稳定长期利率而引入收益率曲线控制⊖（简称YCC），此后日本央行退居幕后。在日本的贷款总量（约等于货币供应量）没有增加的情况下，仅根据货币数量论而认为增加基础货币就可以提高物价，这种想法在理论上就很难实现，事实也是如此。不过，仅从结果上来看，如果是在日本CPI刚稳定在正值的2015年

⊖ 收益率曲线控制（Yield Curve Control）是一种非常规性利率工具，通过政府债券回购的方式来间接设置各期限收益率目标水平，将收益率曲线控制在预期水平。美联储于1942年首次运用此工具，以配合二战期间美国财政部的融资。——译者注

对"安倍经济学"进行总结,那么对"安倍经济学"的评价也不会这么消极。

发掘入境需求的功绩

虽然在货币政策上存在诸多争议,但在促进入境旅游上,安倍政府所取得的功绩可以毫无保留地得到赞赏。本书第 3 章中也提到,日本的旅游收支顺差在第二届安倍政府时期迅速扩大。

2021 年 12 月,第二届安倍政府上台后不到一周,就开始考虑放宽签证发放要求。之后,就对中国和东盟的赴日游客,逐步放宽了签证发放的条件。这项举措使得日本成为亚洲新兴中产阶层的消费和投资目的地,发掘了潜在的需求。但时间到了 2022 年,世界各国都开始开放边界,日本却仍然收紧入境限制,将外国人拒之于国门外。笔者在撰写这本书时回顾过去,真有一种恍如隔世的感觉。

在"安倍经济学"政策之下,日元的贬值并没有扩大日本的出口或者获取贸易顺差,也没有对日本本国的工资情况产生大的影响。但毫无疑问,日元贬值有助于刺激入境需求的增长，这一点值得肯定。正如第 3 章所论述的，如今"日本廉价化"为全世界所知，日元的贬值不是毫无作用的，它可以促进入境旅游，以获取旅游收支的顺差。早在日本的经常项目还是顺差的时候（尽管贸易收支已转为逆差），"安倍经济学"就未雨绸缪地促进日本旅游收入的提高。仅从这一点来看，"安倍经济学"政策的功绩就不可谓不大。

第 5 章

日本央行的财务稳健性与日元贬值有关吗

日元贬值与"日本央行的财务稳健性"的关系

自 2021 年以来，笔者就多次表示，日元的贬值带有"贱卖日本"的色彩。笔者也常常被问，日元的贬值与"通胀导致的日本国债价格暴跌"及"日本央行的财务稳健性问题"是否有关。先说结论，笔者无意涉及这么大的问题。在世界经济恢复的同时，日本却仍然坚持出行和入境的限制，其结果就是"与其他国家相比经济增长率很低""日本央行停不住宽松政策""日元汇率下跌"等。这些结果都是众所周知的事实，是毋庸置疑的。但是，如果论及日本的恶性通胀，以及日本国债市场的崩溃，那么在逻辑上跨度就太大了。

更何况，本就不能单纯地将"中央银行的财务稳健性"与"对货币的信心"直接联系起来。笔者也考虑过在其他章节中讨论二者之间的关系，但这个问题比较复杂，包含很多要点，这本书的主题也是和日元有关，因此笔者在此专门用一章的篇幅来说明这个问题。雷曼事件后，世界各国的中央银行都将应急措施常态化。因此，各国央行的资产负债表都被迫在规模和结构上以不稳定的方式运行。日本央行购买交易所交易基金的行为是个例，但欧洲央行在欧债危机期间购买南欧国家国债的举措，也被认为是有问题的。但是，"中央银行的财务稳健性"并不是影响外汇交易的唯一因素。在 2007 ～ 2012 年，日本、美国和欧洲的央行总资产与名义 GDP 之比都很接近（虽然日本的这一数值略高一些）。但众所周知，当时日元在外汇市场上全线升值（美元 / 日元汇率达到了 1 美元兑 70 日元的水平）。因此，"中央银行的财务稳健性"对于"对货币的信心"并没有决定性的作用（见图 5-1）。

的确，在 2013 ～ 2015 年，受黑田体制下的量化质化货币宽松政策影响，日本的央行总资产与名义 GDP 之比上涨得很快，当时日元也在大幅贬值。但是，当时的市场上，日本"中央银行的财务稳健性"和"对货币的信心"

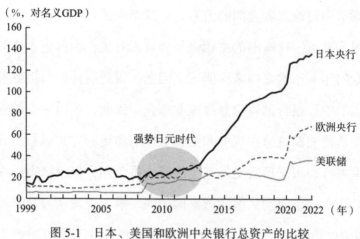

图 5-1　日本、美国和欧洲中央银行总资产的比较

资料来源：Macrobond。

在投资者看来都不存在问题。当时常被讨论的是日本央行和美联储政策的差异，前者实行大规模的宽松政策，而后者在推进货币政策的正常化。对于史无前例的黑田体制和"安倍经济学"，当时正面的评价更多。在当时，并没有人因为日元贬值了，就认为日本"中央银行的财务稳健性"存在问题，然后对日元的贬值展开批判。如果"中央银行的财务稳健性"与"对货币的信心"有直接关系，考虑到当时日本央行资产负债表膨胀速度之快，早在当时就应该有人表示担忧了。

瑞士与德国的案例

在日本之外，瑞士和德国的案例可以证明，"中央银行的财务稳健性"与"对货币的信心"不存在必然联系。

瑞士国家银行（瑞士央行）为了抑制瑞士法郎汇率而干预外汇市场，采取了无上限的购入外汇、卖出瑞郎的政策，在资产负债表中"资产"一栏内，以外币计价的资产占了很大比例。2009 年欧债危机爆发时，国际上众多投资者从欧元区撤出，转向作为"避险资产"的日元和瑞郎。为稳定瑞郎汇率，瑞士央行于 2011 年 9 月，设置了欧元 / 瑞郎汇率的上限（1 欧元兑换 1.20 瑞郎），并通过干预外汇市场，无上限地出售瑞郎、购入外汇以维持汇率水平不变。2014 年 12 月，瑞士央行为了扩大和欧元区利率的差幅，引入了负利率政策（欧洲央行也于同年 6 月引入了负利率政策）。

但即使采取了这样的措施，瑞士央行还是抑制不住瑞郎的升值。于是，在 2015 年 1 月，瑞士央行突然宣布放弃无限制干预外汇市场的政策，不再控制瑞郎对欧元的汇率。随后，瑞郎开始急速升值。受突如其来的剧烈波动影响，当时有一些人认为，欧洲的金融机构都将面临系统性风险。

当然，由于瑞郎升值，瑞士央行持有的大量外币计价资产将产生巨额的汇兑损失。具体而言，作为资产的外汇储备，以瑞郎计价的总额将会大幅减少，瑞士央行在会计上将处于资不抵债的状态。我们可以粗略地总结这一系列的事件："对货币的信心"过强导致资不抵债，于是"中央银行的财务稳健性"动摇了。而在欧元出现之前，德意志联邦银行（德国央行）也有过因德国马克升值、外汇储备减少而资不抵债的历史。

瑞士和德国的例子都是"对货币的信心"过强而导致资不抵债，在因果关系上并不是"中央银行的财务稳健性"影响"对货币的信心"。相反，恰恰是"对货币的信心"影响了"中央银行的财务稳健性"。不少人对日本央行的财务稳健性表示担忧，他们认为日本央行持有大量国债，而国债的估值下降将导致日本央行资不抵债。但是，仅看德国和瑞士的案例，即使央行购入大量的国债，也不一定会损害资产负债表的"稳定性",更不一定造成丧失"对货币的信心"。

有案例表明资不抵债的严重性

不过,也有案例表明央行的资不抵债会带来严重的问题。

东京大学名誉教授植田和男⊖在 2003 年(时任日本央行审议委员)曾发表过题为"资本与中央银行"的演讲⊜,演讲中植田和男称:"保持健康的资产负债表,既不是中央银行履行其职责的必要条件,也不是充分条件。但是,它往往近似于必要条件。"植田和男还指出,委内瑞拉、阿根廷和牙买加等拉美国家的央行过去也资不抵债,其原因在于那些国家当时较高的通胀水平。

例如,委内瑞拉央行在 20 世纪 80 年代和 90 年代收紧了货币政策,以抑制先前宽松政策带来的通货膨胀。但

⊖　植田和男于 2023 年 4 月 9 日就任日本央行行长。——译者注
⊜　植田和男《自有资本和中央银行》,日本金融学会,2003 年 10 月 25 日。

是，此前委内瑞拉央行为吸收流动性资金而发行了大量高息票据，这些票据给委内瑞拉央行带来了较大的财务压力，委内瑞拉央行最后不得不放弃紧缩政策。委内瑞拉的案例是以央行的财务状况为优先，而不去关注通货膨胀的问题。

瑞士和德国央行资不抵债，是因为本国货币汇率高涨；而委内瑞拉则是由于政府错误的经济政策。（在理论上）压低本国货币的汇率并不难，因此瑞士和德国的资不抵债被视为暂时性的问题，并不严重。而正如拉美国家的案例所显示的，如果政府所采取的错误经济政策没有改变，高通胀的问题得不到重视和解决，那么央行也很可能会资不抵债。这种情况下，高通胀和央行的资不抵债可能并存。

然而，"中央银行的财务稳健性"问题只是国家财政和货币政策的结果。央行的资不抵债作为结果，本身并不具有决定性的意义（就像公司的破产一样）。同时，央行的资不抵债与资产价格的变动（包括汇率）也没有因果关系。只能说，我们希望中央银行能够拥有良好的财务稳健性。

在未来可能成为问题

鉴于外汇市场的直观性和波动性，笔者并不认为"中央银行的财务稳健性"会成为日元贬值的驱动因素。但是，也不能说"对货币的信心"永远不会成为问题。外汇市场不存在公允价值，影响外汇市场波动的主要因素随时可能改变，仅考虑瑞士和德国的案例，也很难说日元绝对"没问题"。在极端情况下，如果"中央银行的财务稳健性"成为影响外汇市场的主要问题，那么将如上文中图 5-1 所示，日元会首当其冲。日本至少也是 G7 国家的一员，日元占了世界外汇储备的 5% 以上，考虑到日元较大的交易量，如果"中央银行的财务稳健性"受到关注，那么的确可能对外汇市场造成相应的影响。

在上一节所说的讲座中，植田和男还说，"问题在于资不抵债的中央银行的政策因此（指资不抵债）而发生怎样的变化"。换句话说，就是金融市场是否可以信任中央银行货币政策的问题。如果市场认可央行正在实施的有助于物价稳定的政策，那么即使央行处于资不抵债的状态，"对货币的信心"也不会动摇。例如，黑田体制下采取的货币宽松政策可能让日本经济复苏的同时物价水平上涨 2% 以上，而如果收紧货币政策则可能让央行资不抵债。但是，这些都不是大的问题，正所谓"成大事者不拘小节"。

相反，即使央行能够避免资不抵债的情况，也可能存在高通胀下，央行在制定货币政策时忽视"对货币的信心"的情况。例如，土耳其央行就根据土耳其总统奇特的理论^㊀，"以宽松的货币政策抑制通胀"。这一令人费解的政策如果持续下去，即使土耳其央行没有资不抵债，土耳其的货币也会迅速贬值，通胀率直线上升。回到日本的情况上来，在 2022 年上半年，虽然日元贬值带来的不利影响令人担忧，但日本央行却仍然坚持宽松的货币政策，这

㊀ 土耳其总统埃尔多安推崇自己奇特的理论——"高利率带来高通胀，因此降息可以抑制通胀"，并且要求土耳其央行遵行这一理论。"在通胀下降息"从字面上看等同于火上浇油，但这一理论的根据是一种在正常情况下难以理解的逻辑："故意让货币贬值会促进出口，改善经常项目收支状况，从而实现稳定汇率的效果"。这种与一般的经济理论背道而驰的政策自然没有得到金融市场的支持：土耳其的货币里拉长期贬值，该国的 CPI 也在持续飙升。土耳其的这一政策常被用作反面案例，用来说明货币政策得不到市场支持会造成何种后果。

成为日本金融市场乃至全日本社会关注的焦点。其中就有一些人指出，日本的状况和土耳其类似。

不过，正如笔者所反复强调的，在本书创作时，笔者并不想把日本银行的财务状况是否良好和"对货币的信心"是否崩溃联系起来，讨论这么大的问题。笔者认为，重要的是指出基本面，即日本的贸易逆差和国内外利率差距的扩大，而这就是导致 2022 年上半年日元贬值的原因。笔者无意讨论日本政府和央行解决这一问题的方法。

对于财政因素引起的通货膨胀，日本央行无能为力

一些人在主张通货膨胀导致国债价格暴跌，或是主张"中央银行的财务稳健性"问题与日元贬值有关时，往往会以日本政府债务的扩大趋势作为例证。如果政府有巨额的债务，市场对政府的财政状况表示担忧，由此导致日元贬值、通胀率升高，这种情况下的通胀的确是"坏的通胀"，不利于改善经济状况。对于这种通胀，日本央行将被迫采取紧缩的货币政策。在此过程中，由于国债价格急

剧下跌，准备金利率升高，央行向银行支付的利息也将激增，从而导致央行的资不抵债。

但是，即使发生了上述情况，其原因归根结底也是日本政府任意胡来的财政政策，日本央行仅仅执行货币政策，解决不了问题。如果日本的经济真正步入上述境地之中，那么只有日本政府的财政整顿才可以从根本上解决问题，其他的措施只能作为补充。彼时日本央行可以做的，只有继续购买一些国债，以促进"软着陆"。但我认为，日本央行的这种货币政策会助长市场上的不信任感，因此日本央行在那时也不会大摇大摆地进行干预。

总而言之，"中央银行的财务稳健性"问题是财政政策和货币政策的结果，只是数字上的反映，其本身不是其他问题的本质原因。最近日本银行的自有资本比率也日益受到关注，但其与"财务稳健性"一样，不具有本质上的意义。

"中央银行的财务稳健性"只是单纯的结果

在现代货币管理体系下，"对货币的信心"，顾名思义，就是指货币受信任而在金融市场上流通，可以用于表示汇率以及股票和债券等资产的价格。"中央银行的财务稳健性"并不是不重要，但只要实体经济运转良好，它就不会受到关注，也不会成为媒体报道的对象。事实上，即使是市场主体，也很少去关注日本央行最近的自有资本比率或是结算情况。我们在日常购物时，更不会关注日本央行的财务稳健性如何。日本央行的资产负债表只是货币政策作用于实体经济的结果。

笔者反复强调过，日本经济所面临的真正问题，在于日本政府种种不合理的政策，包括出行和入境限制，以及对重启核电站的顾忌等。上述不合理的政策相当于自行放弃经济增长，日本央行为应对常态化的经济发展停滞和日元贬值，确实有可能面临资不抵债的风险。然而，这种情况下"中央银行的财务稳健性"也只是日本政府政策的结果，只关注结果起不到实质性的作用。我们不应该颠倒原因和结果。

不过，在外汇市场上，短期内投资者可以出于各种各样的理由而卖出日元。"中央银行的财务稳健性"也可以拿来做文章，让投资者更倾向于卖出日元，这样的情况是我们不希望的。因此，笔者认为，与其纠结于"中央银行的财务稳健性"这个次要的问题，不如寄希望于日本的现任政府能够采取措施，以克服日本长期的经济停滞。笔者深刻意识到，在日本，迁就于老龄人口的保守取向，短期之内在政治上是有利的，因此日本政府并不会轻易地回归经济增长的路线。笔者希望日本的政治家们，不要只考虑老年人的想法，而是要去倾听金融市场已经敲响的警钟声，选择适合日本经济发展的政策。

.... 专栏⑤ ....

日本和德国的不同：日元所不具备的欧元的优势

日本与德国

本书创作时，日本已经不再是贸易顺差的大国，反而面临贸易逆差扩大的局面。在发达国家中，德国是可以与日本并称的出口大国。那么，德国的情况又是如何呢？本书创作时，德国的各种政策虽然有利也有弊，但近年来，德国确实巩固了其世界最大经常项目顺差国和世界最大贸易顺差国的地位。不少观点认为，德国阻止了欧元汇率跌入谷底。从这一点来看，欧元和日元有很大的不同，投资者担心由于供需环境的变化，后者的可信度将会受到损害。直观上，许多日本人可能认为日本的经济结构和德国相似，但实际上却大不相同。在此，笔者想简单介绍一下日本与德国，以及日元与欧元之间的差异。

无独有偶，在本书创作时，受原材料价格高涨影响，德国 2022 年 5 月的贸易收支在近 31 年内首次呈现逆差。但是，与其说这是由于德国出口相关的结构发生了变化，不如说是由于德国的进口额受原材料价格上涨影响而急剧增长。在本书创作时，并不能断言德国的贸易赤字将常态化，因为德国并不像日本一样失去了作为出口基地而获得贸易收入的实力。笔者当前只能认为，德国的贸易逆差更像是暂时性的，而实际情况如何，只能在乌克兰危机结束之后，回顾历史才能得知。本专栏内，笔者想把讨论的重点放在一定程度上已能得出答案的领域。

回顾日本经济的历史，自1973年日本改为浮动汇率制以来，基本都在致力于抑制走高的日元。由于日本产品在国际市场上具有较高的竞争力，日本不断积累贸易顺差，日元汇率长期处于上涨之中。自20世纪90年代后期以来，日本的通货紧缩日益明显，在理论上进一步促使日元升值（经济学理论上通缩会造成货币升值）。为了应对这种情况，日本在政策上致力于通过货币政策（有时也包括干预外汇市场）来抑制日元升值，同时也试图维持日本出口基地的实力。一般来说，发展中国家才会在货币政策上抑制本国货币汇率，以促进出口。但日本作为发达国家也试图压制日元的升值，这反映了曾经依靠出口而成为经济大国的日本，对其过去的成功经验多么印象深刻。

然而，正如本书第 1 章所论述的，根据国际收支发展阶段论，随着经济的发展，以贸易顺差为主的增长阶段注定要结束。贸易顺差会导致货币长期的升值，国内的工资和物价也会随着经济的增长而升高，因此制造业的出口竞争力将会逐渐丧失。制造业会逐渐抛弃"国内生产，出口海外"的商业模式。这是发展中国家向发达国家转型中正常的发展过程。

日本的经济正是遵循着这种"正常的发展过程"。尤其是 2011 年日本"3·11 大地震"以来，日本企业更加深刻地意识到需要将生产转移到海外，这种转型过程进一步深化。本书第 1 章已经论述过，虽然 2022 年以来日元的贬值凸显了日本不再具有贸易顺差的事实，特别是原材料价格的上涨让这一点成为日本公众关注的焦点，但日本经济的这种结构性变化早在 10 年前就开始了：实际上，以 2011 年、2012 年为节点，此后日本的贸易收支就已经由顺差转为逆差了。

获得"永远廉价的货币"的德国

与日元不同，欧元是欧元区通用的单一货币，它不仅在德国流通，也是意大利、希腊等国的货币。因此，欧元的汇率不会随着德国经济的发展而升高，这是德国获得的"永远廉价的货币"。德国正是依靠欧元这一"永远廉价的货币"来维持自身较高的贸易竞争力，不断积累贸易顺差。严格来说，德国不仅拥有欧元这一"永远廉价的货币"，前总理格哈德·施罗德⊖的改革和东欧的移民也降低了德国的劳动力成本，德国的贸易环境也更加自由，这些都是有利于德国经济增长的因素。本书的主题是货币，所以对于影响德国经济的其他因素就不进行论述了。总之，出于这些因素，德国不需要担心步日本的后尘（尽管日本的情况才是理论上应该发生的正常过程），欧元区的供需环境也正因为德国而得以稳固。当然，德国如此利用欧元，自然也会招致欧元区国家的内部纠纷，这种纠纷有时也会波及外

⊖ 德国前总理格哈德·施罗德（Gerhard Schröder）的任期为 1998～2005 年，任期内实行的经济改革包括削减福利、改革税制等。其中，施罗德减少了德国的长期失业补贴，以刺激失业者接受低薪工作，帮助德国走出经济萧条。——译者注

汇市场。不过，欧元区稳定的供需环境并没有动摇，德国正是得益于此。

请看具体的数据。从 1990 年到 2019 年，30 年间日本的贸易顺差逐渐消失，德国的贸易顺差则增长到了原先的 3～4 倍之多，稳固了其世界最大贸易顺差国的地位（见图 5-2）。再看各国出口占世界贸易总额的份额。随着中国的崛起，自 20 世纪 80 年代后期起，德国和日本出口所占份额都由扩大转为缩小（见图 5-3）。德国在 20 世纪 80 年代

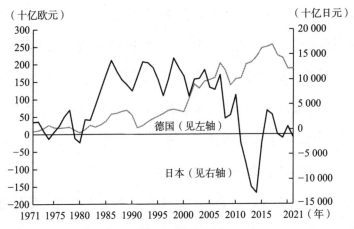

图 5-2　日本和德国贸易收支的对比

资料来源：Macrobond。

注：1998 年以前，德国的贸易收支由德意志联邦银行的相关估算转换为欧元。

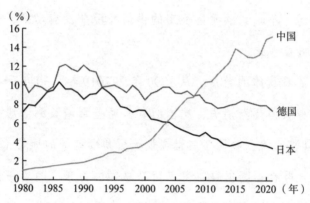

图 5-3　日本、德国和中国出口占世界贸易的份额

资料来源：Macrobond。

后期的这一份额约为 12%，到 2021 年则缩小到了 7.5%。作为一个发达国家，德国这 30 年来贸易份额的缩减相当显著。

但是，日本在 20 世纪 80 年代后期的这一份额为 10% 左右，到 2021 年则缩小到了 3.5%，30 年来缩减了约 2/3。比较 2021 年的日本和德国，前者的份额只有后者的不到一半了。因此，如今的德国还可以称得上是一个出口大国，而日本则失去了这一地位。德国能够在一定程度上保持出口大国的地位，很大程度上仰仗于欧元区共通的贸易环境和货币，使得德国能够向欧元区国家不断出口。但原因不限于此，欧债危机以来，德国的贸易收支不仅对欧元区国家是顺差，对欧元区以外的国家也逐渐呈现顺差。因此，德国不只是享受了欧元区的单一市场，更是主动并确实地捕捉到了世界经济的需求。毋庸置疑，德国并不只是利用"永远廉价"的欧元保持对欧元区国家的出口，结构上的优化也是促进德国出口的一大因素。

综上所述，德国得以保持的贸易顺差，反映了日元所不具备的欧元的优势。这一点对于两国在外汇市场上的前景影响重大。

日本像德国？其实并不像

如上一节所说，日本人总有一种模糊的情感，认为"日本像德国"。可能是因为日本和德国同为二战战败国，二战后也都在汽车制造业上比较发达，因此日本人容易对德国产生认同感。有些日本人甚至认为，日本人和德国人"都很严谨认真"，仅凭这一点就可以说这两个国家相似。

但是，仅就笔者在欧洲委员会工作的经验来看，笔者认为，日本和德国，无论在政治上还是经济上，或者日本人和德国人之间，都不能说是相像。笔者从经济的角度比

较了日本和德国，总结了六点不同（见表 5-1）。本专栏内，
笔者主要以表 5-1 中的不同点②为中心进行了说明。

表 5-1　德国和日本的区别在于何处

德国的优势	对日本的启示	日本实现的可能性
①单一的经济圈	有必要签订和加入范围宽泛的自由贸易协定	视日本政治情况而定，但难以达到与德国同等的程度
②永远廉价的货币	汇率的稳定很重要	在经济结构上无法实现
③廉价且优质的移民（有助于缓解人口负增长问题）	需要考虑接受移民	视日本政治情况而定，但无法达到与德国同等的程度
④坚决果断的劳动市场改革	需要改革日本式就业体系	视日本政治情况而定
⑤保持出口基地的实力	需要鼓励日本企业优先在日本国内生产	视日本政治情况而定，但日本因为没有德国②的优势而难以实现
⑥政府的财政健全性	财政需要健全化	视日本政治情况而定

资料来源：日本政策投资银行《德国经济的优势及其对日本的启示》（2015 年
8 月），笔者有增改。

不过，笔者认为，如果要讨论德国以及欧元区巨额的
贸易顺差，就不能局限于不同点②，必须综合各个论点进
行论述。除"永远廉价的货币"外，德国还有"巨大的自
由贸易区"以及"廉价且优质的劳动力"。正是由于这些
有利因素，德国才得以维持强大的对外贸易竞争力。不仅
如此，德国的劳动雇佣制度和财政政策也值得讨论。

专栏⑥

世界外汇储备中的美元和日元

美元所占比例不断突破历史最低值

国际货币基金组织（IMF）每季度公布一次世界外汇储备的币种结构（Currency Composition of Official Foreign Exchange Reserves，简称 COFER）。因为各国的经济货币部门都储备了巨额的外汇，所以考察外汇市场中长期的趋势时，各国的经济货币部门的动向是十分重要的信息。因此，笔者会定期观察 COFER 的数据。虽然各国的外汇储备主要是美元，但日元也并非与外汇储备毫无关系，所以外汇储备的问题在本书中也值得一提。

本书创作时，最新一期 COFER 的数据是 2022 年 3 月末公布的。2021 年以来，美元在世界外汇储备中所占比例不断突破历史最低值，这一点逐渐受到了业界的关注。

来看具体的数据。2021 年 12 月末美元所占比例为 58.86%，为有统计数据以来的最低值。虽然 2022 年 1 月到 3 月这一比例有所上升，达到了 58.88%，但上升幅度很小，接近于保持不变。而自 2020 年 12 月底以来，美元的这一比例已经连续 6 个季度低于 60% 了。美元在世界外汇储备中所占比例如此之低，是前所未有的。这似乎反映了美元在世界外汇储备中的地位正在逐步下降（见图 5-4）。

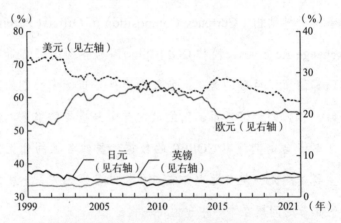

图 5-4　世界外汇储备中各币种所占比例（截至 2022 年 3 月）

资料来源：Datastream。

去美元化是长期趋势

当然，只看这一两年的变化也不能下定论，那么我们再来考察近 20 年来的变化趋势（见图 5-5）。比较 1999 年 3 月和 2022 年 3 月的数据，美元的比例从约 71.2% 下降到了约 58.9%，降幅达到了约 12.3 个百分点。同期内，欧元的比例从约 18.1% 上升到了约 20.1%，增幅只有 2 个百分点左右，变化不大。取代美元这一份额的主要是人民币等其他币种，从约 1.7% 上升到了约 10.5%，增幅达到了约 8.8 个

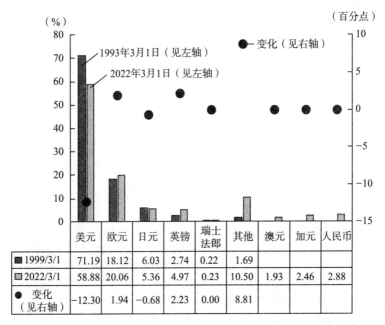

	美元	欧元	日元	英镑	瑞士法郎	其他	澳元	加元	人民币
■ 1999/3/1	71.19	18.12	6.03	2.74	0.22	1.69			
▨ 2022/3/1	58.88	20.06	5.36	4.97	0.23	10.50	1.93	2.46	2.88
● 变化（见右轴）	-12.30	1.94	-0.68	2.23	0.00	8.81			

图 5-5 1993 年 3 月以来世界外汇储备中各币种所占比例的变化

资料来源：IMF, Datastream。

注：澳元、加元和人民币的相关数据在 1999 年 3 月时未公布。"其他"一栏中 1999 年 3 月的数据包括了澳元、加元和人民币。

百分点。可以看出，过去 20 多年来，世界外汇储备货币正在由美元逐渐转换为其他资源国和新兴国家的货币。

对于美元所占比例的减少和外汇储备币种的多样化趋势，一般认为有以下几点原因：①对抗美元的霸权；②数字货币的开发与发行；③欧盟复苏计划债券（NGEU 债券⊖）的发行。其中，①和②两点原因是联系在一起的。中国、欧元区国家以及英国等国央行开发和发行中央银行数字货币（CBDC），其目的很大程度上就包括对抗美元的霸权。

例如，有观点认为，中国推动数字货币的开发与发行，其原因之一就在于为应对 SWIFT⊜ 封锁以及类似的情

⊖ NGEU 是"下一个时代的欧盟（Next Generation EU）"的缩写。该计划旨在重振区域内因新冠疫情影响而受挫的经济，是欧盟的经济复苏有关政策之一。该计划的总预算规模为 7500 亿欧元，将通过发行联合债券在市场上融资，由欧元区成员国共同担保。欧元区联合债券是欧盟的一个长期议题，而 NGEU 债券的发行则被认为是这一长期议题下的一个里程碑。

⊜ SWIFT 是环球银行金融电信协会的简称。SWIFT 成立于 1973 年，是一个连接全球数千家金融机构的高安全性网络，金融机构使用它来发送安全信息和支付指令。包括中国银行在内，全世界几乎所有重要的金融机构都是 SWIFT 的会员。但是，SWIFT 受美国影响极大，美国曾多次利用 SWIFT 封锁和制裁他国，使被制裁国家的经济和金融活动受到显著影响。——译者注

况做准备。也有观点认为，中国提出了"一带一路"这一大范围的经济合作倡议，而鼓励"一带一路"沿线各国使用数字人民币，有利于加强"一带一路"各国合作，促进人民币国际化。在未来，中国可能还会对使用数字人民币和人民币结算体系 CIPS 的经济体给予优惠待遇。

第③点，NGEU 债券的发行在今后对于 COFER 的变化趋势也可能产生重要影响。虽然欧盟发行 NGEU 债券是为恢复经济而采取的一项临时性措施，但在将来也有望成为欧元区永久性的联合债券。目前，以欧元计价的安全资产只有德国国债。在欧元区国家中，只有德国的信用评级位于最高一级，可与美国媲美。因此，世界上大多数的外汇储备都不得不依赖于美国国债。如果 NGEU 债券能够发展为永久性的欧元区联合债券，这一债券将成为仅次于美国国债的安全资产。届时，美元在世界外汇储备中的比例将会进一步降低。

目前，一旦欧盟 2021 ～ 2027 年的中期预算完成，NGEU 债券将会结束其使命。但是，也有人认为，欧盟可能以 NGEU 债券为基础，考虑永久性的后续计划。总之，

NGEU 债券的后续发展是影响欧元以及美元市场未来走势的重大问题。

当然，即使考虑到以上几个问题，美元单极化的国际货币体系也不可能在一夜之间被颠覆。然而，SWIFT 对俄罗斯的封锁，为全世界部分地预演了"没有美元的未来"。正如下文中将要论述的，与美国存在纠纷的国家可能会开始重新审视外汇储备问题，加快去美元化的进程。无论如何，美元在 COFER 中所占比例确实出现了明显的下降，我们可以肯定以储备为目的的美元需求正在全球范围内消退。毫无疑问，对于这种趋势，我们必须从多个角度进行思考，以了解其中的含义。

日元所占比例会继续下降吗

那么，日元在世界外汇储备中的地位如何呢？如图 5-5 所示，日元所占比例在 20 多年间由约 6.0% 下降至约 5.4%，降幅约为 0.7 个百分点。日元是这 20 多年来，除美元外唯一所占份额下降的币种。现有的轻微迹象也表明，随着去美元化进程的发展，日元的外汇储备也将向其

他币种转移。特别是自 2020 年以来（严格来说是从 2020 年
3 月末到 2022 年 3 月末的两年间）日元所占比例下降了
0.53 个百分点（从 5.89% 到 5.36%），而其他币种则大幅上
升了 0.98 个百分点（从 2.25% 到 3.23%），二者之间对比
鲜明（见图 5-6）。日元所占比例缩小的原因耐人寻味，因
为同时期除日元外，就只有美元的所占比例下降了（美元
的这一比例由 61.85% 下降到了 58.88%，下降了 2.97 个百
分点）。

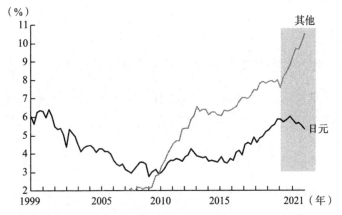

图 5-6　世界外汇储备中日元和其他币种所占比例（截至 2022 年 3 月）

资料来源：Datastream。

注：图中的"其他"为 COFER 数据中"其他"一项与人民币、澳元、加
　　元所占比例之和。

　　美元所占比例下降，其原因我们在上一节中已经论述过了。但为什么日元的比例也下降了？这是否意味着日元作为一种永久的低利率货币而开始被各国央行所抛弃？是否如本书第 1 章所论述的，国际市场上的各个储备者（自然包括各国央行）都开始意识到日本供需环境的变化，对日元计价资产的安全性产生了怀疑？当然，因为 COFER 的数据是换算成美元进行计算的，因此 2021 年以来日元的大幅贬值也可能对这一比例产生较大的影响。然而，如果储备者想要保持投资组合的构成（分配给各个币种的比例）不变，当一种货币的汇率出现大幅变动（比如日元大幅贬值）时，储备者也将酌情进行再平衡（买入日元，卖出其他货币），因此日元所占比例的变化不能只用汇率波动来解释。

　　这二十年 COFER 的变化，毫无疑问地说明了世界外汇储备的去美元化趋势：在未来，美元所占比例会进一步缩小。那么，日元所占比例在未来会如何变化呢？2022 年以来日元的大幅贬值，是否会让日元在世界外汇储备中的比例继续下降？或是各国央行因此买入日元，日元的比例反而上升？目前我们还很难就此下定论，但笔者今后会密切关注这个问题。因为日元在世界外汇储备中所占比例，很大程度上反映了外汇储备者对日元的评价。

因为日元在 COFER 中所占比例的绝对值较低，因此其作为外汇储备货币的关注度一般也不高。而且，自 2022 年 3 月以来，日元才开始出现明显的贬值。因此，在本书创作时，还无法判断日元在外汇储备中所占比例下降的趋势，在今后是否会像去美元化一样显著。不过，正如本书在前几章所论述过的，日元供需结构中的基本部分，包括经常项目和贸易收支，都正在发生变化。对于外汇储备者来说，他们如何评估这一变化，根据这一变化做出什么行动，都对日元的未来有重要影响。如果日元在 COFER 中的比例出现明显的下降趋势，日元在外汇市场上的行情也会受到相应的影响。从长期甚至超长期的角度来看，COFER 的数据是不可忽视的。

乌克兰危机对于 COFER 的影响

在这一章前面的部分，笔者曾经提及，与美国交恶的国家在外汇储备上的去美元化趋势会更加显著。在这一节中，笔者想对此再进行一些补充。以外汇储备总额位于世界前五的俄罗斯央行为例。在 2017 年到 2021 年的 5 年间，俄罗斯央行的外汇储备中，美元所占比例下降了约 30 个百分点（从 46.3% 到 16.4%）。与之相对，人民币所占比例在 2017 年接近于零（仅为 0.1%），而到了 5 年后的 2021 年，则大幅提高到了 13.1%（见图 5-7）。仅从经济学的角度来说，外汇储备组合上的这种变化很难说是理性的。显然，其背后包含政治和外交上的考量。

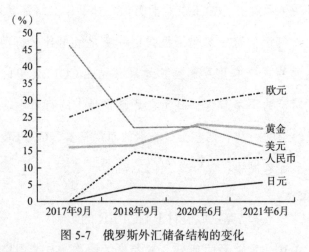

图 5-7　俄罗斯外汇储备结构的变化

资料来源：俄罗斯央行。

除人民币之外，俄罗斯央行还提高了其外汇储备中欧元和日元的比例。这种举措表明，俄罗斯政府可能并不认为俄罗斯会同时受到美国、日本和欧盟的制裁。但无论俄罗斯政府的真实想法是否如此，俄罗斯央行的去美元化趋势是毋庸置疑的。

当然，俄罗斯央行的外汇储备虽然可以被称为"巨额"，但也只占世界外汇储备的一小部分。在 2021 年末，俄罗斯央行的外汇储备总额约为 6300 亿美元，仅占全世界的不到 5%。因此，俄罗斯外汇储备结构的调整并不能决定 COFER 整体的走势。

尽管如此，自乌克兰危机爆发以来，对俄罗斯的制裁仍然具有深远影响，特别是对于美元的霸权而言：2022 年 2 月末，美国已经决定对俄罗斯实施 SWIFT 封锁，而 SWIFT 封锁被称为"金融核武器"。除非俄罗斯总统普京改变立场，否则对俄罗斯的 SWIFT 封锁不太可能取消。SWIFT 封锁对俄罗斯的经济和金融确实造成了许多影响，但目前并没有导致俄罗斯经济的崩溃。俄罗斯的例子是对美元霸权地位的挑战：脱离美元虽然会带来诸多不便，但国家经济仍然可以运行下去。也有分析人士指出，俄罗斯受到 SWIFT 封锁，无法使用与美元有关的支付途径后，可能会转而使用中国的 CIPS 系统，与 CIPS 保持永久性的连接。如果这一分析属实，美元的霸权体系中将被打入一根深深的楔子。

尽管在当前的世界经济体系下，SWIFT 封锁具有相当强的威力，但如果俄罗斯的经济能够长期适应脱离 SWIFT 的环境（当然，适应不了会导致俄罗斯经济的崩溃），美国经济制裁的威慑力将大大减小。对于不接受美国体系和价值观的国家，美国虽然让它们享受美元结算体系的便利，但也将 SWIFT 封锁作为威慑它们的武器。然而，美元的"霸权"迟早要走向终结，世界各国会逐渐适应没有 SWIFT 的世界。

受乌克兰危机影响，世界外汇储备的币种结构正发生着深刻的变化，其中日元所占比例如何变化，也值得我们关注。虽然缺乏明确对日元利好的因素，但俄罗斯央行减少美元储备的同时，也很可能相对提高日元和欧元储备的比例。COFER 反映的仅是外汇储备者——中央银行的动向，对国际金融市场的影响是有限的。但是，COFER 的数据在经济之外，也反映了国际政治和外交的动向，具有独特的意义。因此，笔者在此做了简单的说明，以供对此感兴趣的读者参考。

第 6 章

后疫情时代的世界外汇市场：
"升值竞赛"中的机会

世界正处于一场"货币升值的竞赛"

本书的前言中笔者说过，为了避免内容过时，笔者在本书中尽量避免拘泥于短期的经济、金融形势，而是以中长期的视角，分析有关日元的结构性变化。但是，在这最后一章中，笔者还是想稍微涉及一下短期的问题。

2022 年 6 月 23 日，时任美联储主席杰罗姆·鲍威尔在美国国会有关货币政策的发言中，承认了美国经济有衰退的风险。这一发言引起了热议。虽然鲍威尔作为美联储主席亲自承认这一点就具有非同寻常的意义，但美国经济存在风险却是事实：截至 2022 年 6 月，美国只能通过人为制造大量失业来抑制工资水平（以及与工资有关的服务价格）了。因此，紧缩的货币政策会导致 GDP 低速增长还是降低，这并不是一个本质性的问题。

从外汇市场的角度来看，鲍威尔的那次发言中还有一点令人注意：鲍威尔明确表示，在美国加息的背景下，美元在外汇市场上的走高"具有缓解通胀的作用"。鲍威尔先前已经表示，"我们将无条件地与通胀做斗争"，鲍威尔在发言中提及美元升值抑制美国通胀的作用，这似乎是在重申美国使美元升值的货币政策方针。

实际上，大约在同一时间，欧洲央行的官员也谈及了欧元升值对通货膨胀有效的抑制作用。⊖瑞士央行也在提高利率，并表示将"在必要时积极干预外汇市场"，也就是买入瑞郎以促使瑞郎升值。——尽管瑞士央行此前坚持认为瑞士法郎的汇率需要保持在较低的水平，甚至还无上限地卖出瑞郎来抑制瑞郎升值。无独有偶，在 2022 年 7 月 21 日欧洲央行政策会议后的新闻发布会上，欧洲央行行长克里斯蒂娜·拉加德也提及欧元走低是导致高通胀的一个原因。从美联储、欧洲央行和瑞士央行的动向中可

⊖ 例如，2022 年 5 月 16 日，法国央行行长弗朗索瓦·维勒罗伊·德·加尔豪在一场会议上提及欧元贬值不利于物价稳定，并表示，"将密切关注实际有效汇率这一驱动输入型通货膨胀的主要因素"。这句话反过来说，就是"欧元升值有利于稳定物价"。

以看出，在本书创作时，全球外汇市场正处于一场"货币升值的竞赛"。

金融危机后常态化的"贬值竞赛"

如今的"升值竞赛"，与 2008 年金融危机之后外汇市场的状况简直是天壤之别：2008 年 9 月雷曼事件发生后，各国央行纷纷采取超低利率的政策，而且还使用了以量化宽松政策为代表的非常规货币政策，以促使本国货币贬值（尽管在表面上没有明确表示要这么做）。当时世界上许多国家都采取了"以邻为壑"的政策⊖，压低本国货币汇率来抢夺他国的需求，可以说是"汇率贬值的竞赛"。

2010 年 10 月在韩国庆州召开的二十国集团财长和央行行长会议就重点讨论了货币问题，并一致同意"转为由市场决定、反映经济基本面的汇率体系，避免竞争性贬

⊖　指损害他国经济以改善本国经济状况的政策。例如，一国为增加国内就业，采取使货币贬值、提高关税、为本国企业提供出口补贴等措施以增加出口、减少进口；而这些措施会造成他国出口减少、进口增加，就业率也因此下降。——译者注

值"。会上呼吁各国保持克制，不要激化货币贬值的竞赛。该会议也表达了希望人民币升值的意愿。

在金融危机后的"贬值竞赛"中，最具代表性的举措之一就是奥巴马政府 2010 年 9 月宣布的美国出口倍增计划。根据这一计划，以 2009 年为基准，美国将在 2015 年前实现名义出口额翻一番的目标。所谓出口倍增计划，实际上就是贬值美元的计划，以美元贬值来促进出口（尽管在五年后，美国出口额只增长了 50% 左右，并没有翻一番）。

图 6-1 显示了 2009 ～ 2014 年的 5 年间，美元的名义有效汇率和美国出口额。从图中可以看出，这 5 年间美元汇率稳定在低水平，美国的出口额也在激增。虽然二者之间存在的相关性并不完全等同于因果性，但毫无疑问，当美国总统呼吁将出口额翻倍时，外汇市场肯定也会跟进。因此，从结果上来看，美元的贬值的确促进了美国的出口。

"贬值战争"一直持续到了 2013 年，当年美联储改变了其政策方针，此后外汇市场的动向开始变化。而在

2013 年以前，全世界都在采取宽松的货币政策，使本国
货币贬值。其结果是部分国家在一定程度上重振了本国经
济，却对世界经济造成很大的损害。

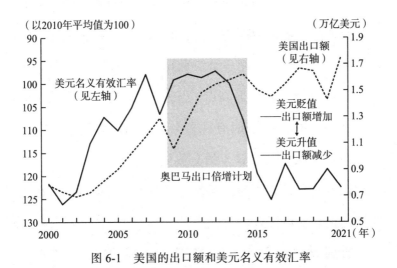

图 6-1　美国的出口额和美元名义有效汇率

资料来源：Macrobond。

与之相对，2022 年的情况发生了相当大的变化，美联
储主席将抑制通胀作为最优先事项，并称最有效的手段是
美元升值。据说，拜登政府的支持率和美国的通胀率成反
比。美国舆论将拜登执政时期的通胀嘲笑为"拜登式通胀"，
所以美联储的紧缩路线可能也是美国政治上所希望的。

白川体制的教训

在雷曼事件后的"贬值竞赛"中，日本可以说是落败者之一。日本在当时拥有巨额的经常项目顺差和贸易顺差，日元是有名的通缩货币，因此承担了"贬值竞赛"的相当大一部分后果，汇率直线走高。在 2011 年 10 月，日元汇率飙升到了历史最高点（当时美元／日元汇率为 1 美元兑 75.32 日元）。当时有许多人指责白川体制下日本央行的政策，认为其对日元的升值负有很大的责任。不过，从理论上看，日元作为巨额贸易顺差下的通缩货币，在当时的确很容易被买入。

直到 2012 年前后为止，日元对美元的汇率一直都在走高，其背景是日本持续的通缩和贸易顺差。如果一定要让笔者指出白川体制下日本央行政策的错误之处，那可能在"日元升值到什么程度合适"的问题上，但这个问题超出了本书的讨论范围，因此在本书中不做讨论。当时日本舆论对白川体制的批判，粗略来说就是"与全世界宽松的大势作对"。可实际上，当时的政策与黑田体制下的政策基本相同，都以超低利率和大规模购买国债为特征。白川体制之所以没有像黑田体制一样受到赞扬，问题在于"表述"上。虽然日本央行前行长白川方明善于用冷静和理性的语气说明问题，但在日本公众普遍对日元升值不满时，白川方明在理论上的解释只是火上浇油。

然而，正如专栏③中所论述的，本书创作时，也就是黑田东彦就任日本央行行长的最后一年，黑田东彦也受到了白川方明所受过的批评。只不过，这次批评的原因在于日元的贬值而不是升值，是黑田体制下2022年日本"与全世界紧缩的大势作对"。

截至2022年7月末，发达国家中只有瑞士央行和日本银行同样采用负利率，而瑞士央行在2022年之内结束了负利率政策。因此，在本书创作时，就只有日元还在坚持负利率（见第1章的图1-4）。雪上加霜的是，直至本书创作时，日本仍然具有巨额的贸易逆差，岸田政府还未考虑介入供需以缓解日元的抛售，将解除入境限制或重启核电站列入议程。

雷曼事件后的日元，承受了世界"贬值竞赛"的后果而升值；2022 年以来的日元，又承受了世界"升值竞赛"的后果而贬值。在"贬值竞赛"结束、"升值竞赛"开始的当下，笔者无法确定日元是应该顺应外汇市场的大势，还是应该考虑到突发事件，朝着相反的方向前进。但在原材料价格上涨、日本物资采购更加困难的当下，笔者认为我们应该想起这样一个历史事实：从来没有一个国家因为本国货币升值而灭亡。突然开始升温的"升值竞赛"，可能是全球经济开始产生危机感的一个标志。

在不存在公允价值的外汇市场上，讨论未来的趋势总是需要勇气的。笔者从本书的第 1 章到第 5 章，一直致力于从中长期的角度来讨论问题，希望自己写下的文字不会很快就过时了。而第 6 章则是笔者在本书创作时，对于当前形势的看法。我不能保证它的"保质期"有多长，还请读者见谅。如果本书能帮助各位读者了解经济和金融的形势，或是有助于各位的投资和理财，笔者将不胜荣幸。

后　记

"短视"的外汇市场反映不出"过渡期"

在 2022 年春以来的日元贬值期间，笔者有幸获得机会，与日本的不少企业、机构投资者和政界人物讨论了相关的问题。笔者的感受是，日本的各界人士似乎都对这次的日元贬值表示不安，认为这预示着日本的前途在向坏的方向发展。正因为如此，笔者才如序言中所说，以书的形式记录我对中长期形势的看法。笔者认为，这样的书是有一定价值（或需求）的。

外汇市场是一种"短视"的金融市场，它会因短期内的各种因素而波动，从而在一定程度上轻视本书所讨论的中长期趋势。实际上，对于市场参与者来说，他们的生计依赖于眼前的市场。无论是股票市场还是外汇市场，即使对长期趋势的判断是正确的，只要短期上出现错误，他们也会蒙受损失，在生计上陷入困境。笔者也可以理解这种

"短视"：假如笔者是投资者，也不会去慢慢等待每一个基本经济指标的发布，这对具体的投资没有帮助。

但是，外汇市场最终还是不能与经济基本面背道而驰。本书第1章的图1-6直观地反映了2012年以来日本贸易逆差的长期化，以及日元对美元的升值。对于试图进行长期投资的市场参与者来说，自2011年、2012年往后的10年间，可以说是日元的一个"过渡期"，其间日本从"不成熟债权国"转为"成熟债权国"。

对日本来说，2020～2022年是一段波动起伏的时间，这段时间低碳、新冠疫情、俄乌冲突都对日本造成了深刻的影响，日元行情似乎也在步入新的阶段。因此，日元对美元的汇率可能无法回到从前一样高的水平了。当然，外汇市场上不存在绝对，笔者描述的也不过是一种可能性。只是在本书创作时，笔者有一种强烈的预感，认为日本不再会像从前一样，是一个苦恼于本国货币升值的国家了。

身处嘈杂不止的金融市场，我们总是难以察觉何时是"过渡期"。因此，有时暂停一下进行思考也是好的。在本书创作时，世界市场上原材料价格高涨，而日本又是许多资源的净进口国。鉴于此，"日元回不到从前的水平"这句预言还是不要成真为好。笔者也希望自己的预测不会成真。

"日本廉价化"后的重振

不过，所谓"小心驶得万年船"，保持谨慎总没有错。笔者希望，至少日本的政界人士，那些引导国家、肩负日本未来的政治家，在制定经济政策时，要考虑到日元可能无法回到以前的高位这一风险。如果"日本廉价化"已根深蒂固，现在唯一可以做的就是改变思维模式，考虑如何利用日本的"廉价"。第3章中iPhone价格的例子就反映了日本在发达国家中工资水平偏低，这也是"日本廉价化"的一个侧面。而"日本廉价化"是日本和其他国家间价格差异长期积累的结果。因此，它并不是能轻松解决的问题。

如果"日本廉价化"已成事实，那么日本唯一的出路就是将"廉价"作为武器，找到重振日本的方法。"廉价"

的意思是便宜、划算，而问题就在于如何向世界展示日本商品和服务的便宜和划算。随着"观光立国"政策的推行，近年来日本"便宜和划算的服务"吸引了国际上很多人的关注。日本国内一些人可能出于政治上的考量，不愿意让日本依赖于中国和韩国的外汇收入，因为这两个国家与日本有着较为微妙的外交关系。这种想法不是不可理解，只是抛开政治因素不谈，只要人员、货物和资金的自由流动得到保障，人们肯定会前往"便宜和划算"的消费和投资目的地。

可是，在 2022 年上半年，日本坚持严格的入境限制，将外国游客拒之门外。日本本身就是人口减少、资源稀缺的国家，自行断绝和海外的交流是相当危险的行为。2022 年 2 月 7 日的《日本经济新闻》就报道了外国企业因为日本不合理的入境限制而减少对日投资的新闻。如果日本继续实行这样的限制，那么一定会逐渐被国际投资者抛弃。

类似的问题还发生在商业之外的其他领域。在本书第 3 章中也提到过，虽然日本限制外国人入境，但日本人出境旅游和留学并不受限，这种区别对待必定招致其他国家对日本的不满。如此情况下，虽然十分令人遗憾，但日本和他国学生的交换留学协议的终止也在所难免。日本这种不合理的入境管理措施，每一刻都在给日本带来更多不可逆的损失。

今后日本经济若要发展，就必须尽可能多地吸引人员、货物和资金来到日本，并构建一个适合于此的环境。其后，即使出现了原材料价格下降、日元升值的情况，日本也会回想起 2021 ～ 2022 年日元大幅贬值的痛苦经历，不会再将日元的升值视为洪水猛兽了。

日本长期以来都害怕日元升值，将其视如寇仇。日本政府和央行采取了各种形式的财政政策和货币政策，目的都是"打倒"日元升值。然而，通过新冠疫情和军事冲突，日本整个国家似乎都学会了害怕贬值。一个再明显不过的事实：没有一个国家会被其货币的升值所摧毁，但一个国家的确可能因为本国货币贬值而灭亡。虽然如今日本人都明白了这一点，可直到不久之前，日本社会还将日元的贬值视为绝对正确，没有辩论的余地。笔者并不是说日元必须升值，但是，经历了新冠疫情与军事冲突的洗礼后，在日本，认为日元应该贬值以及认为应该升值的双方，如果能够进行建设性的意见交换，那将是一个质的飞跃，属于不幸中的万幸。

日元大幅贬值的当下，笔者预感日元的结构可能正处于一个"过渡期"，于是写下了这本书。可以说，本书是在舆论的喧嚣之中，伴随着相关形势不断发展而写成的。如果下次有机会再写，笔者想在结构性变化已经落入实处、清晰可见时，尝试进行更为深入的讨论。

笔者希望，彼时日本的情况能比现在更好。

唐镰大辅

2022 年 7 月

投资名家·极致经典

巴菲特授权亲笔著作
杨天南精译

最早买入亚马逊，持股超过20年
连续15年跑赢标准普尔指数

每一份投资书目必有这本大作
美国MBA投资学课程指定参考书

金融世界独一无二的好书
风险与其说是一种命运
不如说是一种选择

美国富豪投资群Tiger21创始人
有关投资与创业的忠告

通往投资成功的心理学与秘密
打败90%的资产管理专家

富达基金掌舵人长期战胜市场之道
彼得·林奇、赛斯·卡拉曼推荐

巴菲特力荐的经典著作
化繁为简学习《证券分析》精华

金融周期领域实战专家
30年经验之作

马特·里德利系列丛书

创新的起源：一部科学技术进步史
ISBN：978-7-111-68436-7

揭开科技创新的重重面纱，开拓自主创新时代的科技史读本

基因组：生命之书 23 章
ISBN：978-7-111-67420-7

基因组解锁生命科学的全新世界，一篇关于人类与生命的故事，华大 CEO 尹烨翻译，钟南山院士等 8 名院士推荐

先天后天：基因、经验及什么使我们成为人（珍藏版）
ISBN：978-7-111-68370-9

人类天赋因何而生，后天教育能改变人生与人性，解读基因、环境与人类行为的故事

美德的起源：人类本能与协作的进化（珍藏版）
ISBN：978-7-111-67996-0

自私的基因如何演化出利他的社会性，一部从动物性到社会性的复杂演化史，道金斯认可的《自私的基因》续作

理性乐观派：一部人类经济进步史（典藏版）
ISBN：978-7-111-69446-5

全球思想家正在阅读，为什么一切都会变好？

自下而上（珍藏版）
ISBN：978-7-111-69595-0

自然界没有顶层设计，一切源于野蛮生长，道德、政府、科技、经济也在遵循同样的演讲逻辑